内河新型生态航道建设理论与技术

马殿光　邢　岩　刘　新　李华国　李　伟　编著

人民交通出版社股份有限公司
北　京

内 容 提 要

本书涉及生态航道建设的基础理论、生态航道工程监测技术、生态航道设计理论、新型生态航道整治结构及应用实例等多个方面。通过理论研究、分析研究、水槽试验以及数学模型研究，提出了生态航道的内涵和特征以及内河生态航道理论框架；针对生态航道设计、建设与效果评估需求的监测技术方法；生态航道的分区设计理论，即生态航道平面布置，以及依据水生生物栖息要求进行优化的生态结构。在此基础上，针对新型生态结构的水动力学特性、冲淤规律、生态影响机理进行了系统研究，建立了单变量鱼类栖息适宜度模型，揭示了新型生态结构对水生物适宜区域范围的影响及其显著的生态效应，相应成果为生态航道工程的应用提供了理论基础和依据。

本书内容新颖、逻辑缜密、概念清楚、实用性强，可供水运、水利、生态环境等部门从事工程设计、规划、评估等工作的科技人员和相关专业院校师生参考使用。

图书在版编目(CIP)数据

内河新型生态航道建设理论与技术 / 马殿光等编著
. — 北京 ：人民交通出版社股份有限公司，2022.7
ISBN 978-7-114-17999-0

Ⅰ.①内… Ⅱ.①马… Ⅲ.①生态系—内河航道—航道建设—研究 Ⅳ.①U697.31

中国版本图书馆 CIP 数据核字(2022)第 094000 号

Neihe Xinxing Shengtai Hangdao Jianshe Lilun yu Jishu

书　　名：内河新型生态航道建设理论与技术
著 作 者：马殿光　邢　岩　刘　新　李华国　李　伟
责任编辑：牛家鸣　周　凯
责任校对：赵媛媛　龙　雪
责任印制：刘高彤
出版发行：人民交通出版社股份有限公司
地　　址：(100011)北京市朝阳区安定门外外馆斜街 3 号
网　　址：http://www.ccpcl.com.cn
销售电话：(010)59757973
总 经 销：人民交通出版社股份有限公司发行部
经　　销：各地新华书店
印　　刷：北京建宏印刷有限公司
开　　本：787×1092　1/16
印　　张：6.75
字　　数：152 千
版　　次：2022 年 7 月　第 1 版
印　　次：2022 年 7 月　第 1 次印刷
书　　号：ISBN 978-7-114-17999-0
定　　价：70.00 元

前言

目前，我国12.7万km内河航道很多仍按照传统技术进行建设和维护，而国际上生态航道建设是内河水运建设的主流。我国航道整治与生态保护协同发展已成为水运建设高质量的必然要求，但在建设中仍存在诸多"卡脖子"技术难题。

本书通过开展内河生态航道建设理论及技术研究，力求解决国内航道开发建设与河流生态保护之间存在的矛盾。内容涵盖了生态航道设计建设理论体系、内河航道生态监测技术、内河航道生态设计理论、新型生态结构开发应用等。

国内生态航道的建设主要经历了三个阶段，第一阶段主要针对河流理化水质指标改善。第二阶段基于"河流健康"评价开始关注河流的水利、航运、防洪等社会功能完整性；第三阶段提出了"生态航道"的概念，随后"长江黄金水道""长江大保护"相继提出，内河航运的高速发展需求和生态环境保护之间融合发展成为主流。尽管近年来在长江、西江、京杭大运河的建设中已开展大量的生态工程实践，也取得了一定的成果，但生态航道建设涉及航道工程、生态学、环境学、水力学、河流动力学、泥沙运动力学、河床演变、土力学等多个学科的交叉学科，由于涉及学科广泛，研究的系统性、深入性、全面性有待加强。当前，内河生态航道的建设需与河流生态环境保护协同进行，将生态学原理应用于航道建设、维护工程之中，保持河流生态环境完整和生态廊道良好，建、养、用不同时期生态系统结构完整、功能健全，并提高流域生态系统质量和稳定性，这将在未来航道建设和河流生态保护中具有广阔的应用前景。

本书研究成果得到了交通运输部天津水运工程科学研究院中央公益科研院所基本业务费专项资金项目"内河航道生态治理工程监测与评价技术研究"和国家重点研发计划项目：政府间国际科技创新合作"内河航道工程生态智能监测与影响评估技术联合研发"的资助，在编写过程中得到交通运输部天津水运工程科学研究院领导、同事以及国内诸多同行的大力帮助，在此向他们及协助本书出版的同仁表示衷心感谢！

由于编者水平有限，书中观点、理论难免有误，敬请读者批评指正。

作　者

2021年5月

于天津滨海新区

目录

第1章

绪论

1.1 引　　言

建设生态文明，是关系人民福祉、关乎民族未来的大计，是实现中华民族伟大复兴的中国梦的重要内容。党的十八大将生态文明建设纳入中国特色社会主义事业“五位一体”总体布局。党的十九大做出要加快生态文明体制改革、推进绿色发展、建设美丽中国的战略部署。目前，我国进入新发展阶段，需贯彻新发展理念、构建新发展格局，围绕三个“新发展”，国内内河航运建设也需坚持绿色发展理念，生态航道的建设必将成为未来内河航道建设的趋势和方向。

作为水运基础设施，目前我国12.7万km内河航道很多仍按照传统技术进行建设和维护，为保持和改善航道的通航条件所实施的航道工程直接作用于河流，其对河流生态环境会产生不同程度和范围的影响。大多数航道整治工程具有良好的生态效果，但有些传统航道整治常采用浆砌块石等硬质护岸，该类工程将会割裂河岸与河道水体的物质交换。堤防闸坝会阻隔河流与附近湖泊、湿地的连通，导致水生生物栖息地丧失。锁坝工程堵塞汊道、串沟，阻隔汊道、串沟与主槽的水流连通，造成汊道淤积，水生生物自然栖息空间丧失。硬质材料护岸、护坡、护滩和护底等守护工程覆盖产沉性卵鱼类的产卵基质，破坏底栖生物生存场地，降低水土介质的透水性，并对水生植物生长造成影响，间接影响产黏性卵鱼类的繁殖发育和觅食，导致鱼类资源量的减少，进而影响局部生态系统的平衡。

由上述可知，我国未来的航道建设必然是生态保护和通航协同的生态航道建设，而国际上生态航道建设也是内河水运建设的主流，但我国航道整治与生态保护协同建设中仍存在“卡脖子”技术难题。即生态航道建设中缺乏公认系统的理论体系、适合于航道工程的监测方法和技术，航道生态设计理论还不完善，满足航道整治要求和生态保护的新结构还不多。为解决制约生态保护和通航深度融合的关键技术问题，有必要开展内河生态航道建设理论及技术研究，为内河航道在新发展阶段、新发展理念下实现水路交通高质量发展提供技术支撑。

1.2 国外生态航道研究进展

早在20世纪30年代,部分发达国家就开始关注治理河流带来的生态影响问题,并开启了一系列理论创新和实践探究。瑞士、德国等提出"亲近自然河流概念",河流生态工程在德国称为"河川生态自然工程";在日本称为"多自然型建设工法";在美国称为"自然河道设计技术",即河流规划与建设应以接近天然河流为标准。基于这种理念,部分发达国家的科技界和工程界针对水利工程对河流生态系统产生的负面影响,提出了如何进行补偿的措施,并在此基础上产生了河流生态恢复的理论与工程实践。欧美国家和日本纷纷拆除以前在河床上铺设的硬质材料,在保证防洪的前提下,修建生态河堤,恢复河岸水边植物群落与河畔林,重塑良好的河流自然生态环境。

瑞士和德国在20世纪80年代末就提出了捆柴护岸、沉排、草格栅、干砌石等生态护岸形式,并在大小河流均有较多的实践;美国常用的有土壤生物工程护岸技术;日本在河流护岸整治方面师法欧美,并加以改进,采用植物、干砌石、石笼及生态混凝土等护岸技术,在河流整治中取得很大成功。下面将国外研究现状详述如下:

德国伊萨河[1]自然化修复采取的主要措施有:河床去硬质化。充分考虑河段特征,凿开水泥加固的梯形河道并除去硬质防护,为鱼类提供了洄游通道及栖息和繁衍场所;引入大型石块、朽木等阻流因素;重塑河岸线。在现有河滩基础上扩挖、铲平前滩,提高了人们亲近河流的可达性。德国的莱茵河[2-3]也进行了河流回归自然的改造,将水泥堤岸改为生态河堤,重新恢复河流两岸储水湿润带,并对流域内支流实施裁直变弯的措施,形成地形多样化的河岸。同时,德国还颁布技术标准《防洪堤》[4-5],其中包括有关自然保护与生态环境方面的内容:在确定防洪堤安全标准时,对公共的利益,如自然景观、城建、社会方面的要求以及河滩生态系统保护等也要予以考虑。在近自然河道治理理念倡导下,德国、美国、法国、瑞士、奥地利、荷兰、英国等国家纷纷大规模拆除了以前在河床上铺设的硬质材料,代之可以生长灌草的土质边坡,逐步恢复河道及河岸自然状态。在保障安全的前提下,生态型护岸技术逐步成熟。其中,荷兰《河道堤防设计导则》的总则中提出了"综合设计"的概念[6-7]。该设计方法强调应尽可能服从环境要求,密切注意风景、历史文化和生态环境。

从鲑鱼2000计划到保护莱茵河国际委员会(ICPR)提出的莱茵河可持续发展计划[8-15],莱茵河实现了德荷边界生物从几乎绝迹到重生,实现了河流生态良好的蜕变,其主要整治思想是以流域综合保护和治理的不同阶段目标为指引,有计划、有步骤地实施基于水文生态系统的整体性流域保护与治理模式,将整治工程对生态环境产生的影响最小化,创新航道工程技术和工程结构形式,如生态护岸、生态护滩、生态护底等,同时结合植物种植等措施,增加流域植被覆盖率,从而恢复流域生态健康。

英国《河流恢复技术手册》(*Manual of River Restoration Techniques*)发布于2002年4

月[16-17],该手册在总结1995年Cole Skerne河生态恢复技术的基础上[18-22],融合其他不同类型河流上15个工程的技术经验编写完成。主要内容包括:河流蜿蜒性的恢复、牛轭湖生态功能的加强、直线化河段的生态加强、河道岸坡生态防护、河床高程及水位和径流的调控、洪水管理、洪泛区湿地特征的创建、公众和人畜接近设施的建设、河流排水设施的强化、河道浚挖泥土的利用和河流的改道,等等。最近,欧洲学者研发出了名为贝叶斯置信网络(Bayesian Belief Network,BBN)的框架用来模拟河流的流态和生态状况[23-28],观察不同影响因素对生态状况的影响,从而为流域治理的决策提供借鉴。

20世纪90年代初,美国科学家将天然植物和人工材料相结合,应用到土木工程当中,提出了生态护坡的概念[29-31]。美国陆军工程师兵团设有健全的科研队伍和试验设施,各种重要的工程都要经过模型试验,设置在维克斯堡的水道试验站进行了大量河流生态整治研究[32-33]、动态周密的自然资源调查与监测,为生态河流的治理提供信息和决策支撑。从2001年开始,密西西比河管理当局在多个航道整治工程中建造了一种特殊的V形坝结构,该结构不仅能满足深化航道和减少疏浚的需求,还能提高河流物理水生生物栖息地的多样性。研究表明,圣路易斯港河段建造的V形坝显著增加了鱼类的越冬栖息地、浅水栖息地和物理水生生境多样性[34,35]。同时,美国陆军工程师兵团于2000年4月发布的《堤防设计与施工》(工程师手册)(EM1110.2.1913)提出,在取料场总体布置中要考虑环境和生态的要求,以及堤防植被管理问题[36]。美国陆军工程师兵团在1999年6月完成了一份研究报告《河流管理——河流保护和恢复的概念和方法》(*Stream Management—Concepts and Methods in Stream Protection and Restoration*)[37-40],对河流生态保护与恢复方面的问题进行了系统阐述,主要内容包括:河流形态和冲积过程,河流的生态功能,河岸侵蚀分析,岸坡加固生态工程技术,工程规划、设计、运行与管理。该研究报告从生物栖息地保护的高度,对河岸稳定的重要性、河岸生态加固方法等进行了论述,所提出的一些工程方法在指导美国各州的河流恢复工作中,发挥了重要作用。

纵观欧美等发达国家生态河道的治理历程可以发现,其治理思路有共同之处,即以生态恢复为首要目标,将对河流生态的影响最小化,优化管理措施并进行监测。

1.3 国内生态航道研究进展

我国水生态治理及生态航道发展经历了三个阶段:①20世纪80年代以前,河流的环境管理主要是依靠监测河流的物理和化学水质指标,这种不考虑水文指标和生物指标的环境理念,并不适用于河流生态系统的管理[41-43];② 2005年左右,基于"河流健康"评价的河流生态管理在我国开始流行,"河流健康"既包含了河流的生态功能健康,也包括了河流的水利、航运、防洪等社会功能完整性,但河流的航道功能并非该方法的重点内容,长江水利委员会建立的健康长江评价体系便是代表之一[44-48];③ 到2008年,专门针对我国内河航道生态建设与保护的理念开始形成,"生态航道"的概念被正式提出[49-54]。国内学者对生态航道也开展了大量研究。

董哲仁从用水需求和生态系统的完整性出发,将水工学和水生态学相结合,提出了"生态水工学"(Eco-Hydraulic Engineering)的概念[55];我国在西江航道也开展了一系列生态航道研究[56-57]。

在这些理论的指导下,国内内河生态航运建设方面也开展了一些有益的探索:京杭运河两淮段生态护坡,利用原本就生长茂盛的芦苇等主体绿色植物作为航道岸坡防护材料,提出了适宜京杭运河两淮段航道护岸工程的植物配置模式,起到减风消浪、固土护岸、吸污净水的作用[54,58-61]。

广东北江利用三维土工网植草进行了生态岸坡治理示范,选取有代表性的河岸作为三维土工网植草加固河岸边坡技术研究的试验段,进行了草种耐淹、抗旱性能试验研究,具有护坡、环保及改善景观的功效[62-63]。

湖嘉申线湖州段航道建设工程[64-65]中应用透水型预制混凝土沉箱式护岸和混凝土劈离块护岸,尽可能美化工程环境,适应水体交换,尽量减少对水生动植物生活、繁衍、栖息的影响,尽量设置多孔性构造,在水位变幅范围内的护岸,应根据不同区域和部位选择合适的植物,尽量采用自然材料,避免二次环境污染。

中交第二航务工程勘察设计院有限公司在连云港疏港航道整治工程的护岸设计中,通过适当的植物防护和永久工程相结合,形成既满足固坡要求又能恢复河岸生机的新型护岸结构,并应用于工程建设[66]。

河海大学配合苏南运河无锡段航道整治工程建设[67-68],通过调查和总结国内外生态航道建设的实践和经验,以及苏南水网地区的航道特征,提出了适用于苏南水网地区的航道生态护岸设计理念、基本原则、生态材料和植被的选择原则,设计了多种生态护岸结构形式比选方案,并依据示范工程段的自然条件,推荐了四种新型生态护岸结构形式以及两种老护岸改造加固方案。

总而言之,国内生态河道治理研究主要针对航道一些生态材料和生态结构的应用展开探索,目前国内生态河道治理还存在如下不足:针对生态航道内涵和系统的理论体系研究还很缺乏、关于航道工程设计方案对生态影响论证以及后期效果评估所需的监测方法几乎还处于空白、系统完善的航道与生态保护融合的设计理论还没有、相关的新生态整治结构也很少、新结构的生态效果也很少研究,等等。以上直接支撑生态航道建设的亟待解决的有关技术急需突破。

1.4 本书研究内容概述

本书研究内容包括:①生态航道基础理论;②生态航道工程监测方法;③生态航道工程布局技术;④生态航道整治新结构;⑤生态航道生态效应研究等。取得了一些研究成果,并开展了示范应用。

(1)生态航道基础理论研究。提出生态航道内涵及生态航道的理论体系;提出生态航道的建设目标、生态航道建设的主要内容和技术方法;回答生态航道建设相关的重大基本理论问题。

(2)生态航道工程监测方法研究。目前,有关河流涉水工程的生态监测大多是基于环评的要求开展的,但无论其布测方法,还是监测内容、指标都不能满足工程布局对生态影响及效果的要求,因此,针对上述问题进行监测研究,提出满足可以论证航道工程生态效果的监测方法,也可为工程后评价提供资料支撑。

(3)生态航道工程布局技术研究。河流边滩(河滨带)和心滩是水生生物赖以生存的重要浅水生境,航运建设工程与河流岸滩保护是生态航道建设的主要内容。提出适用于不同河段形态,兼顾航运功能与河流生境保护的整治坝体工程布局和生态护岸结构形式,形成生态航道分区设计理论。

(4)生态航道整治新结构研究。航道整治工程离不开生态整治结构,结构的生态化是生态航道建设必不可少、急需着力的地方。新型整治结构的生态效果既可以通过工程应用,也可以采用模型试验检验其实际效果。对整治结构开展模型试验研究,综合运用物理模型和数值模型手段研究结构物构造多样化流态、多样化地形的能力,并结合指示性生物栖息适宜生境方面的研究成果,对结构物布置、形式等研究。

(5)生态航道生态效应研究。每一次通航河段的生态效应研究都是生态航道基础理论的一次工程实战。保障航运河流的生态效益需要在系统的生态航道基础理论框架指导下,科学航道工程布局,创新航道整治新结构,同时配套生态航道监测理论与方法开展室内物理模型与数学模型实验研究,不断优化设计,在水深、流速等不同水力要素条件上提高目标水生生物在航道中的栖息适宜性。

第2章

生态航道理论体系

2.1 生态航道内涵

目前,我国生态航道的研究与建设仍处于起步阶段,很多专家学者给出了生态航道的定义。这些定义建立起了航道建设和生态保护间的联系,提出要在航道建设过程中注意河流生态的保护,但还未形成统一、公认的科学内涵。比较典型的一些提法包括:

刘怀汉《长江中游荆江河段航道整治关键技术》[69]:

满足河流航运功能,兼顾与河流其他功能协调,在不同阶段自我调整,实现河流生态系统自然良性循环的航道。

闵凤阳《浅谈生态河道治理与生态航道建设的关系》[70]:

"生态航道"不是指某一种、某一类航道,而是指一种航道建设、管理、养护的思想和理念,是航道建设的方向和目标。生态航道强调以可持续发展和生态学的理论指导航道建设,解决航道建设中的环境问题,强调航道生态化的实现。

许鹏山《甘肃省生态航道建设思考》[71]:

生态航道的理念从根本上描述就是将自然生态与航道建设协调统一,寻求两者之间的客观联系,以维持可持续发展的轨道。它包含两个含义:①生态航道的建设要有明确的生态服务目标与功能,使航道建设能满足重点敏感目标的水文过程的要求;②具备经济性,做到社会经济与生态保护的双赢。

陈一瑶《生态航道建设的现状及发展趋势分析》[72]:

生态航道建设是将传统航道的通航功能与自然河流生态系统和谐地统一起来,注重发挥河流生态系统的整体功能,使其在发挥基本功能的基础上还具有良好的整体景观效果、合理的生态系统结构和稳定的自我恢复能力。生态航道建设理念将人类社会文明与自然环境相结合,最终实现两者共赢的可持续绿色发展。

长江航道规划设计研究院《长江生态航道建设架构探讨》[73]:

生态航道是流域生态系统分享其公平承载能力份额的可持续子系统，是在保证畅通安全的基础上，基于生态学原理建立的自然和谐、智能高效和绿色低碳的复合系统，是具有生物多样性、文化多样性、景观多样性和功能合理性的现代化航道。

刘均卫《长江生态航道发展探析》[74]：

生态航道是在传统航道整治中加入生态学原理，根据河道现状与功能进行生态设计，在满足通航、防洪、排涝等需求的同时，兼顾生态系统健康需求，实现河道生态系统不断趋向更高水平的平衡。其并不一定是在建设工程中种了多少植物，而是从航道建设全过程的角度衡量，明确生态服务目标与功能，通过航道建设材料、工艺、技术及过程控制的改进，构建起完善的航道建设体系、生态评价体系、生态修复体系，最终实现具有“航道畅通高效、自然景观丰富、人文景观浓郁”特色的航道体系。

而国外文献中虽有提及“生态航道”，但并未见系统完善的定义。

生态航道作为通航与河流生态协同的航道，毫无疑问需将自然生态理念融入航道施工、运营、养护和管理的各个环节，通过采取工程和非工程措施，减轻或消除航运对自然河流生态系统的干扰和胁迫，从而维持河流生态完整性和航道可持续发展。

本书通过分析研究和总结，提出生态航道的科学内涵：

生态航道就是航道通航和河流生态环境具有良好的协同性；将生态学原理应用于航道建设、维护工程之中，保持生态廊道良好，建、管、养、用不同时期生态系统结构完整、功能健全，对于自然与人类活动影响有着较强的承载力与自恢复力；提高生态系统质量和稳定性。

2.2　生态航道特征

(1)生态航道是一种航道建设理念。

生态航道不是指某一种、某一类航道，也不是一项具体的手段措施，而是一种航道施工、运营、养护和管理的思想和理念，是航道建设的方向和目标。生态航道强调自然生态理念与传统航道建设各领域、各环节的融合，是将生态学理论融入航道建设的一项系统性工程。

(2)自然生态理念应融入航道建设的各个领域和环节。

航道建设涉及航道设计施工、运营、养护、管理等建、管、养、用四个环节，生态航道应紧密围绕这四个环节开展工作，进行全方位、全过程的生态保护与修复。

(3)生态航道包括工程和非工程措施。

工程措施包括生态坝体、生态护岸/滩/底/坡等航道整治措施，同时还包括生态疏浚、浅水栖息生境、水岸景观带、岸电设施建设等方面；非工程措施包括船舶节能减排(船舶动力改造、太阳能航标灯、油污水、生活废水回收处理)，船舶噪声管理，环保驱鱼、植被补种，鱼类增殖放流，航道人文展示，航道、船舶的低碳环保管理制度和体制，以及航道服务能力保障建设等方面。工程措施与非工程措施应相互结合、互为补充，非工程措施作为工程措施的补充和保障，同时也是发挥生态航道的重要手段。

(4)生态航道是河流生态系统的一部分。

航运开发会对自然河流生态系统造成干扰和胁迫,破坏河流生态系统结构完整性、影响河流生态系统功能的发挥。生态航道理念的提出,正是要使航运开发生态化,将航运开发对河流生态系统的干扰和胁迫降到最低,最终实现航运开发与河流生态系统协调统一。生态航道不是重新构筑航道单独的生态子系统,而是服务于自然河流的生态系统,做到与原有的河流生态系统相适应、相协调。

(5)生态航道的建设目标是要实现河流航运功能的可持续发展。

生态航道不是单纯地为了河流生态保护,其目的是要在航运开发中开展生态保护,在保护的同时进行开发。只有在保持河流生态系统完整性并保障生态系统功能得以稳定发挥的前提下,才能建立起航运发展与河流自然生态保护的平衡关系,既能实现河流航运功能的可持续发挥,又不造成河流生态系统的退化。

2.3 生态航道理论体系

2.3.1 生态航道目标定位

(1)航运开发可持续。

当前,应对全球气候变化,减少温室气体排放,是国际社会共同的责任和义务,走低碳发展之路正成为人们的共识。在"碳达峰、碳中和"政策下,生态航道会越来越受到重视[75]。在铁路、公路、水路、航空和管道五种交通运输方式中,水路运输不仅具有占地少、成本低、能耗小、污染轻、运能大和效益高等优势,而且对于流域的经济带动作用明显。水路运输的低碳或绿色应以发展为前提,失去发展这一前提,单纯讲低碳、绿色是没有意义的。

任何国家的运输可持续发展政策的制定,都需要考虑是否应该调整不同运输方式的合理分配以及如何进行调整等方面的问题,其目的旨在降低其他运输方式较高的社会成本和环境成本,并降低碳排放强度。水路运输的可持续发展包含多层面含义,包括经济与财务可持续、运营可持续、环境与社会可持续等几个方面,可以理解为:

①经济可持续。经济可持续取决于满足对社会整体具有正效益的运输市场需求的经济资源可利用性和利用程度。比如,水资源的利用,航运开发应归纳到整个水资源综合利用的大背景下进行研究;还比如,供船舶通航的无障碍航道资源、升船机等通航设施、通用或专业化码头等。

②财务可持续。财务可持续要求内河运输发展具有充足可靠的资金来源,用于基础设施建设、维护和必要的运营以满足市场需求。比如,对于运输经营者,财务可持续主要依靠货主的商业收入;而对于基础设施提供者,则主要依靠基础设施用户的服务收费和各级政府的财政

拨款。

③运营可持续。运营可持续是指通过提高内河基础设施建设的管理能力和技术水平，使日益繁忙精密的内河运输系统更加安全、高效、可靠地运行。

④环境可持续。内河航运开发目前受制于社会环境因素的制约，发展限制越来越多，其可持续发展应适应并满足社会不断提高的环境保护要求，包括航运开发过程中航道建设、船舶运营等不同环节执行更为严格的环境管制。

⑤社会可持续。社会可持续要求内河运输发展成为沿河社区的友好伙伴，内河运输政策制定应兼顾沿河社区的发展。

(2)河流生态状况良好。

河流生态系统是指河流内生物群落与河流环境相互作用的统一体，是最重要的水生态系统，具有鲜明的组成特征和独特的结构特征。

河流生态系统组成包括生物和非生物(生境)两大部分，前者称为生命系统，后者称为生命支持系统。所谓“生物”包括动物、植物和微生物。非生物(生境)是生物赖以生存所必要的、基本的条件，包括能量、气候、基质、介质和物质代谢原料。

河流生态系统的结构是各组成因素在空间和时间上的排列组合方式和相互作用规则，是生态系统构成要素的组织形式和秩序。其具有一定的营养结构、生物多样性和时空结构，一个完整的河流生态系统应该是动态的、开放的、连续的系统。

河流生态系统良好表现有以下几方面特征：

①具有生物的多样性。包括生物基因的多样性、生物栖息地的多样性和生物物种的多样性三方面。

②生态系统的结构完整。生态系统结构指构成生态系统诸要素及其量比关系，各组分在时间、空间上的分布，以及各组分之间的能量、物质、信息的交流途径与传递关系。只有结构完整的系统才是稳定和健康的生态系统，主要表现为生物的生产者、消费者和分解者齐全，各类生物需要的能量、营养和食物链结构完整。

③外来物种少。特有和珍稀物种生存良好。

④水质良好。

⑤景观及环境优美，使人宁静、陶醉、舒心，产生灵感和创作激情。

2.3.2　建设内容及方法

2.3.2.1　建设内容

(1)规划设计。

生态理念在航道建设前期与规划设计阶段的融合主要包括航线规划与工程布局设计理论、生态型整治结构物选型和选材设计等方面[76-79]。

传统航线规划设计理论以工程效益最大化理念为指导，偏重于经济和社会效益的实现，而航道生态建设航线规划设计需要考虑航线穿行河流生态敏感区的影响,在前期航线规划和设计阶段考虑避开或绕行这些区域,例如自然生物保护区、水产种质资源保护区、湿地保护区、水源保护区和取水口等生态敏感区等,根据各生态敏感区保护类别和等级确定航线走向,提出内河航道生态建设航线规划与工程布局分区设计理论。

在结构设计方面,将地形异质性、流态多样性和横向连通性等生态理念纳入传统航道整治工程设计过程,尽可能采用新型生态整治结构,设计最高和最低通航水位、提出整治线宽度、整治水位等主要航道整治工程设计参数确定方法。

在航道生态建设规划设计环节,需要依据整治目标和要求选取适当的整治结构物形式和材料。研究整治结构物的结构形式和材料特点、选型和选材依据,在满足结构物稳定性和耐久性前提下,尤其注意整治结构物对河流生态的生境融入,提出生态型整治结构物结构形式和材料选取的技术要求。

(2)施工方法及内容。

传统航道整治工程主要包括渠化枢纽工程、筑坝工程、护岸或护滩工程、航道爆破工程和疏浚吹填工程及日常维护与修复工程等措施[80-85]。

渠化枢纽阻隔了河流的上下游联系,造成河流能量、物质和信息流的纵向不连续,对河流生态系统的影响巨大且深远,目前渠化枢纽的生态工程或措施主要集中在过鱼设施(鱼道/升鱼机),当然前提是河流内有洄游鱼类等保护性物种。

筑坝是最为常见的航道整治工程,包括丁坝、顺坝、锁坝和潜坝等类型。就丁坝而言,其通过主动挑流,束窄河床以达到稳定航槽、维持航深和航宽的目的。坝田区相比坝头流速较缓,经年累月后泥沙多淤积成连片浅滩,尽管传统丁坝结构造就了多样化的流动形态,但过去的研究较少关注其生态效益。充分挖掘坝体结构的生态效益,通过坝体结构作用形成多样化的流动形态,形成急流-缓流交替、深潭-浅滩交错的水流与河床形态,造就多样化的水生生物生境特征,将有利于水生生物栖息、觅食和产卵活动。

传统的护岸、护滩和护底结构阻隔了河流横向连通性和河床的垂向透水性,并且大型排体覆盖床面或滩面,改变了底栖生物赖以生存的底质类型,护岸占据了水生生物的栖息、觅食场所,水生植物不易附着生长,也造成岸线过于单一、景观效果不佳。将生态要素融入结构设计,目前较为常见的新型生态结构有合金钢丝笼网箱/网垫/网袋等(格宾)、三维土工网垫、四面六边透水框架和联锁式植草砖等,深水航道多设置人工鱼礁等结构类型。

在航道疏浚工程中,施工排放的污染物主要是挖泥、装船、抛泥所产生的悬浮物,与此同时疏浚泥中所含有的有机物和重金属会释放到水体中,主要有化学需氧量(COD)、油类、Cu、Pb、Hg 等,这些悬浮物及其含有的各种污染物将对河道生态带来不同程度的影响。目前所提出的“绿色疏浚”或“环保疏浚”从疏浚机具、疏浚设计及疏浚作业等全过程进行改进和革新,采用可持续的设备和材料,降低能耗,减少疏浚作业对环境的影响。另外是疏浚土的综合利用,将疏浚土送入专门的处理场进行生化处理,或者选择合适的处置场地以增强或修复生物栖息地。

清礁工程会导致河道部分地形发生改变，原有的急流环境变为缓流，施工中局部悬浮物浓度升高，影响浮游生物生存；工程中炸除礁石使底栖生物生境被损毁，区域内底栖生物被大量掩埋；施工中如未采取驱鱼措施，将炸死或炸伤过往鱼类。目前清礁工程需要选择合适的工程时机，并配合采取相应的补偿措施，例如驱鱼或增殖放流等。

(3)运营过程控制措施。

航道运营阶段主要考虑船舶的影响，将生态理念融入其中将涉及船舶节能减排、船舶污染控制和船舶航行扰动等几个方面[86-88]。

其中，船舶节能减排主要内容包括船舶动力节能改造、船舶综合减阻技术、单位运量能耗控制、液化天然气(LNG)等清洁燃料动力船型、岸电设施以及标准化船型推广等。

船舶污染控制包括船舱油污、压舱水、生活污水和垃圾回收处理，绿色导助航标志推广应用、传统航标灯电池管理与回收、船舶电机噪声、鸣笛控制以及光污染控制等。

船舶航行扰动包括螺旋桨尾流和船体排水增加水流紊动、造成底泥悬浮，水体含沙浓度加大，船行波侵蚀岸坡，威胁岸滩稳定，以及对水生生物栖息生境造成扰动。

(4)维护及养护。

参照航道日常养护工作内容，其所涉及的生态化对象包括航道修复、水面维护和生态补偿措施等方面[89]。

其中，航道修复主要指航道水毁工程、日常维护性疏浚等二次施工；水面维护主要指水面漂浮物清理打捞；生态补偿指水岸植被补种和栖息地鱼类增殖放流等。

(5)管理。

航道的生态管理主要涉及制度立法和航道社会服务保障两个方面[90]。其中，航道制度立法包括航道生态建设管理制度、管理体制、行政执法；航道社会服务包括岸线景观配置、亲水性景观平台布置、航道文化窗口展示和航道服务能力保障等方面。

2.3.2.2　建设方法

(1)工程措施。

工程措施包括生态坝体、生态护岸/滩/底/坡等航道整治措施，同时还包括生态疏浚、浅水栖息生境、水岸景观带、岸电设施建设等方面。

(2)非工程措施。

非工程措施包括船舶节能减排(船舶动力改造、太阳能航标灯、油污水、生活废水回收处理)，船舶噪声管理，环保驱鱼、植被补种，鱼类增殖放流，航道人文展示，航道、船舶管理制度和体制，以及航道服务能力保障建设等方面。

2.3.3　生态航道建设原则

(1)生态优先，绿色发展。

未来理想的航道在功能上将由单纯水上运输向集运输通道、生态通道、景观通道、人文通道等多种功能于一体转变，具有能源节约型、环境友好型和生态文明等特征。目前，国内关于生态航道的实践是局部的，而生态航道的趋势是系统的，生态航道的理念不单只体现在个别或部分的细节上，还将形成一套完整的生态航道体系来统领、指导具体工程的设计、实施及管理。这就要求生态理念要贯穿到航道建设工程规划、航道生态监测、航道工程平面布局、新型航道生态结构形式研发及应用等各个环节当中。

(2)整体推进，重点突破。

推动区域发展，要从生态系统整体性和流域系统性着眼，统筹山水林田湖草等生态要素，实施好生态修复和环境保护工程。要坚持整体推进，增强各项工程措施的关联性和耦合性，防止畸重畸轻、单兵突进、顾此失彼。要坚持重点突破，在整体推进的基础上抓主要矛盾和矛盾的主要方面，采取有针对性的具体措施，努力做到全局和局部相配套、治本和治标相结合、渐进和突破相衔接，实现整体推进和重点突破相统一。

(3)系统治理，科学整治。

从长河段航道系统治理研究的角度出发，综合考虑上下游河段之间，航道治理与河道整治、圈围造地、港口开发等相关工程之间，航道建设与水生生物资源养护、水生态环境保护之间的关系，科学制定治理重点、建设方案和实施序列，既有利于充分发挥长河段航道系统治理的整体效应，又有利于项目的实施和推进。

(4)统筹考虑，协同建设。

要从整个水系出发，树立“一盘棋”思想，实现全河段协同建设、有机融合，形成合力。支汊航道与主航道协同建设，维持支汊航道的稳定；对于部分航道条件不稳定、对主汊航道影响较小的支汊，进行支汊航道治理，确保航道畅通并提高航道尺度。进一步提升航道尺度和技术标准，充分发挥航道的整体效益，促进沿江产业布局优化和外向型经济的快速发展，带动航道发展上一个新台阶。

(5)科技支撑，生态复兴。

坚持用科技支撑为生态复兴插上腾飞的翅膀，为建设生态复兴贡献科技力量。应因地制宜，利用河段形态、地形、水文等现状条件，在满足强度要求基础时，优先选取当地天然材料，选取具有较好透水性、有利于水体交换、适宜动植物生长的生态亲和性好的新材料；生态修复应以自然修复为主、人工修复为辅，尽量保留利用现有植被，合理配置不同习性的植物，营造植物群落结构及生态景观多样的植物带，物种选择及配置宜以本土种为主；按照增强生物栖息地多样性提高适合度的理念，鼓励开发和应用适宜生物栖息及繁殖的生境条件的护岸、护滩、护底类结构。

2.3.4 生态航道建设评价

2.3.4.1 航道分类

航道生态建设从根本上是要协调航运开发强度与河流生态保护力度二者之间的关系，开发强度大,不利于河流生态保护,而开发强度小,又妨碍河流航运潜能的发挥。如何确定航运开发强度和生态保护力度,需要结合流域水生态功能区划、河流分类和内河航道分级规则,对内河航道生态建设等级进行划分。因此,明确航道生态建设等级标准,对航道生态建设实行分级管理,是开展航道生态建设的必要前提。

不同航道生态建设对象会因规划目标和约束边界的不同而具有不同的生态功能要求,内河航道生态建设依据航道分级和水生态功能分区的差异,具有不同的时空特征。基于航道生态建设航运属性和生态属性两者并重的建设目标要求,建立内河航道生态建设分区、分类和分级体系,协调航道生态建设航运开发与生态保护之间的矛盾,指导内河航道生态的建设。

2.3.4.2 指标体系

航道生态建设概念的提出,强调将生态学的理论与方法融入航道规划设计施工、运营、养护和管理全过程,实现航道开发全寿命周期的生态化。采用指标评价方法对航道生态建设过程进行量化管理是一种最有效,也最直接的手段,不仅能够有助于在规划设计阶段制订定量化的目标体系,还能为施工运营过程中进行有效监管提供技术支持,并能随时为诊断航道生态系统的健康状况提供依据。

(1)指标体系构建需要参照以下几个步骤:

①指标体系构建原则。航道工程对河流生态安全的影响是多层次、多因素,开放而复杂的。从指标针对性、层次性、尺度性、目的性、全面性、可操作性和独立性等几个方面提出指标体系的构建原则。

②指标体系构建方法。综合运用频度分析法、专家咨询法和理论分析法,在压力-状态-响应框架的指导下,不断对指标体系进行精简、调整、完善,并最终建立分层指标体系。

③多指标层次分析法。采用经典层次分析法(AHP)将指标元素分解成目标、准则、方案等层次,在此基础之上进行定性和定量判断分析,构筑起快速和常规两套指标体系,以满足不同场景的管理需求。

(2)航道生态建设全寿命周期指标体系包括以下几个方面:

①水文水资源及水动力指标群。考虑从水文情势变化、来水来沙特性、洪水脉动、流场变化等几个方面构建该指标群。

②水环境指标群。主要考虑航道水质状态,关注水功能区达标率、富营养化指数、污染物入河控制量和水域纳污能力四个方面。

③河流地貌指标群。从河流形态、输沙能力调整、纵向连续性、横向连通性和垂向透水性、依据岸坡稳定性等几方面因素考虑构建河流地貌指标群。

④生物及栖息地指标群。考虑从生物多样性、植被特征、水土流失、生态敏感区、栖息地适宜性等几方面因素构建生物及栖息地指标群。

⑤社会环境指标群。考虑从司乘人员舒适性、航运开发强度、运营服务保障、景观协调性、人文丰富性等几方面因素构建指标群。

2.3.4.3 评价方法

综合评价是指对多属性体系结构描述的对象系统做出全局性、整体性的评价。现有的综合评价方法很多,包括加法评分法、连乘评分法、加乘评分法、加权评分法、专家估测法、统计因子分析法、主成分分析法和层次分析法等。

参照国内外关于河流健康评估的相应法规和技术规范,并充分考虑航道建设对河流生态系统的干扰和胁迫效应,根据对评价指标间逻辑关系的理解和各项指标阈值的测定,提出适用于我国生态航道建设特点的监测和指标综合分析评价方法,建立评价数学模型或指标敏感性分析方法,对评价结果进行分等定级,最终完成生态航道的量化评价。

2.4 小结

(1)本章通过分析研究、总结研究和理论研究相结合,提出生态航道的内涵:航道通航和河流生态环境具有良好的协同性;将生态学原理应用于航道建设、养护工程之中,保持河流生境完整和生态廊道良好,建、养、用不同时期生态系统结构完整、功能健全,对于自然与人类活动影响有着较强的承载力与自恢复力;提高生态系统质量和稳定性。

(2)在指明生态航道的本质含义后,明确了生态航道区别于传统航道建设的五大主要特征。生态航道是一种航道建设理念;自然生态理念应融入航道建设的各个领域和环节;生态航道包括工程和非工程措施;生态航道是河流生态系统的一部分;生态航道的建设目标是要实现河流航运功能的可持续发展。

(3)构建了生态航道的理论框架,包括生态航道建设目标、生态航道建设内容、生态航道建设原则、生态航道建设评价等。

第3章

内河航道生态监测技术

3.1 监测目的及原则

内河航道生态监测是依托生态环境调查与分析为航道生态建设工程设计、环境影响评价、工程竣工后生态效果评估提供基础支撑,以工程区河道水域的生态环境调查与分析为基础,为针对性地论证航道方案和生态结构生态效益提供资料支撑,以及预防和减缓工程对河流不利生态影响,并进行工程生态优化和完善。与传统环评不同,内河生态航道监测极具指向性和针对性,主要针对环境评价中不能满足的生态工程设计所需水生态基础资料开展的监测内容。

内河航道生态监测中应采用统一、标准化的监测方法,能监测到生态环境的动态变化。还需要考虑人力、资金和后勤保障等条件,监测样点应具备一定的交通条件和工作条件,采用效率高、成本相对低廉的监测方法。尽量采用非损伤性取样方法,以免对环境和生物造成破坏。避免超出客观需要的频繁监测。若要捕捉或采集国家重点保护野生动植物,必须获得主管部门的行政许可。

对不小于工程区和受其影响的上下游河段进行生态环境调查与分析,调查内容包括生物和生境。通常情况下,工程区影响河段范围可参照航道整治物理模型试验或依据经验确定。如果研究河段开展物理模型试验研究,影响范围至少应大于物理模型试验范围;如未开展物理模型试验研究,工程区上游范围应大于3~5倍河宽,下游范围应大于5~10倍河宽。调查区域内布设调查断面或样点,对工程河段总体及其局部重点区域开展调查。断面或样点布设应遵循代表性、系统性、科学性原则,兼顾上下游、左右岸、干支流关系。其中,监测样点和监测对象应具有代表性,能较好地反映河段生态环境的基本特征。

作为内河航道生态监测重点,物种及种群的监测具有较大的难度,指示性物种选取需要基于河流生物的生态习性,以鱼类、底栖动物等为主要监测对象,其他类群为次要(备选)监测对象。应重点考虑以下类群:①主要水生生物类群;②具有重要生态、科学、社会价值的物种;③对维持河流、水库生态系统结构和功能有重要作用的物种;④对环境或气候变化反应敏感的物种；⑤我国或区域性特有种、优势种或常见种；⑥外来入侵物种。

为全面把握目标河流的生物多样性状况，确定样点数量时应重点考虑如下因素：①流域大小及水系发达程度（支流数量）；②河流物理生境的空间异质性；③流域主要人类活动类型及强度；④河流地表水-地下水关系强度。

考虑到指标性物种时间和空间的分布特点，工程建设前后均应开展不少于 1 次的生态环境调查，生态环境调查频次宜为 2~4 次/年，调查断面或样点应基本保持一致。其中特大航道工程应进行 4 次调查，一般航道工程可进行 2 次调查。

3.2 监测方法内容与分析评估

监测指标选取应符合下列规定：生物指标包括但不限于珍稀水生动物（受保护的珍稀濒危物种、关键种、本土种、建群种和特有种等）、鱼类（天然的重要经济物种）、两栖动物、底栖动物、浮游生物、水生维管束植物和河滨带植被等的种类、密度、生物量和多样性。可根据工程具体情况选取调查指标。具体生物监测指标和方法见表 3.1。

生物监测指标及方法　　表 3.1

对象	监测指标	监测频度(次/年)	监测方法	方法来源
鱼类	种类、数量、分布、生物量、形态学特征	1~2	渔获物调查、声呐水声调查、标记重捕法、环境 DNA 法	《生物多样性观测技术导则　内陆水域鱼类》(HJ 710.7)
	遗传结构		DNA 检测法	
底栖动物	种类	2~4	采泥器采集、显微观察、DNA 条形码技术	《生物多样性观测技术导则　淡水底栖大型无脊椎动物》(HJ 710.8)
	数量		计数法	
	生物量		称重法	
着生藻类	种类	2~4	天然/人工基质采集、显微观察、DNA 条形码技术	微型生物监测新技术
	数量		计数法	
	生物量		体积测算	
浮游植物	种类	2~4	生物网采集、显微观察、DNA 条形码技术	《内陆水域浮游植物监测技术规程》(SL 733)
	数量		显微镜计数测量法	
	生物量		显微镜计数测量法、叶绿素测定法	
浮游动物	种类	2~4	生物网采集、显微观察、DNA 条形码技术	《淡水浮游生物调查技术规范》(SC/T 9402)
	数量		显微镜计数测量法	
	生物量		体积法、排水容积法、沉淀物体积法、直接称重法	

续上表

对象	监测指标	监测频度(次/年)	监测方法	方法来源
水生维管植物	种类、数量、重要值	1~2	直接测量法、资料查阅、样方法、样点截取法	《生物多样性观测技术导则　水生维管植物》(HJ 710.12)
	多盖度等级		样方法、目测法	
	绝对活力、盖度指数、频度		样方法、样点截取法	
	生物量		遥感或收获法	
	初级生产力		红外 CO_2 分析法	
两栖动物	种类、数量、生活史阶段、形态学特征	2~4	样线法、样方法、栅栏陷阱法、人工覆盖物法、人工庇护所法、标记重捕法	《生物多样性观测技术导则　两栖动物》(HJ 710.6)

生境指标包括物理生境指标(地形、底质类型、水文水动力等)、水体理化指标、沉积物理化指标和鱼类“三场一通道”指标。可根据工程具体情况选取调查指标。河流物理生境监测类别、监测指标见表 3.2,水体理化指标与方法见表 3.3,沉积物理化指标见表 3.4 和表 3.5。

物理生境监测指标及方法　　表 3.2

监测类别	监测指标	监测频度(次/年)	监测方法
河流水文	水流特征、水面覆盖情况、水利工程干扰	2~4	现场调查
河道形态	河道基质、蜿蜒度、河道改变程度、河岸结构、河岸稳定性、河床稳定性	2~4	现场调查、遥感解译
河岸带状况	河岸带宽度、河岸带植被覆盖度、河岸带生境类型	2~4	现场调查、遥感解译

水体理化监测指标及方法　　表 3.3

指标	单　　位	监测频度(次/年)	监测方法	方法来源
pH	—	2~4	玻璃电极法	《水质 pH 值的测定　玻璃电极法》(GB 6920)
水温	℃	2~4	温度计法	《水质　水温的测定　温度计或颠倒温度计测定法》(GB 13195)
溶解氧	mg/L	2~4	碘量法、电化学探头法	《水质　溶解氧的测定　碘量法》(GB 7489) 《水质　溶解氧的测定　电化学探头法》(HJ 506)
电导率	μS/cm	2~4	电导率仪	《电导率的测定(电导仪法)》(SL 78)
浊度	NTU	2~4	分光光度法	《水质　浊度的测定》(GB 13200)
透明度	—	2~4	透明度计法和圆盘法	《透明度的测定(透明度计法、圆盘法)》(SL 87)
叶绿素 a	mg/L	2~4	分光光度法	《内陆水域浮游植物监测技术规程》(SL 733)
高锰酸盐指数	mg/L	2~4	—	《水质　高锰酸盐指数的测定》(GB 11892)
化学需氧量	mg/L	2~4	重铬酸盐法、快速消解分光光度法	《水质　化学需氧量的测定　重铬酸盐法》(HJ 828) 《水质　化学需氧量的测定　快速消解分光光度法》(HJ/T 399)

续上表

指标	单　位	监测频度(次/年)	监测方法	方法来源
五日生化需氧量	mg/L	2~4	稀释与接种法	《水质　五日生化需氧量(BOD5)的测定　稀释与接种法》(HJ 505)
氨氮	mg/L	2~4	纳氏试剂分光光度法、水杨酸分光光度法、蒸馏-中和滴定法、气相分子吸收光谱法	《水质　氨氮的测定　纳氏试剂分光光度法》(HJ 535) 《水质　氨氮的测定　水杨酸分光光度法》(HJ 536) 《水质　氨氮的测定　蒸馏-中和滴定法》(HJ 537) 《水质　氨氮的测定　气相分子吸收光谱法》(HJ/T 195)
总氮	mg/L	2~4	碱性过硫酸钾消解紫外分光光度法、气相分子吸收光谱法	《水质　总氮的测定　碱性过硫酸钾消解紫外分光光度法》(HJ 636) 《水质　总氮的测定　气相分子吸收光谱法》(HJ/T 199)
硝酸盐(以N计)	mg/L	2~4	酚二磺酸分光光度法、气相分子吸收光谱法、紫外分光光度法、离子色谱法	《水质　硝酸盐氮的测定　酚二磺酸分光光度法》(GB 7480) 《水质　硝酸盐氮的测定　气相分子吸收光谱法》(HJ/T 198) 《水质　硝酸盐氮的测定　紫外分光光度法(试行)》(HJ/T 346) 《水质　无机阴离子(F^-、Cl^-、NO_2^-、Br^-、NO_3^-、PO_4^{3-}、SO_3^{2-}、SO_4^{2-})的测定　离子色谱法》(HJ 84)
总磷	mg/L	2~4	钼酸铵分光光度法、流动注射-钼酸铵分光光度法	《水质　总磷的测定　钼酸铵分光光度法》(GB 11893) 《水质　总磷的测定　流动注射-钼酸铵分光光度法》(HJ 671)
磷酸盐	mg/L	2~4	钼酸铵分光光度法、流动注射-钼酸铵分光光度法	《水质　总磷的测定　钼酸铵分光光度法》(GB 11893) 《水质　总磷的测定　流动注射-钼酸铵分光光度法》(HJ 671)
硫酸盐(以SO_4^{2-}计)	mg/L	2~4	重量法、火焰原子吸收分光光度法、铬酸钡分光光度法、离子色谱法	《水质　硫酸盐的测定　重量法》(GB11899) 《水质　硫酸盐的测定　火焰原子吸收分光光度法》(GB 13196) 《水质　硫酸盐的测定　铬酸钡分光光度法(试行)》(HJ/T 342) 《水质　无机阴离子(F^-、Cl^-、NO_2^-、Br^-、NO_3^-、PO_4^{3-}、SO_3^{2-}、SO_4^{2-})的测定　离子色谱法》(HJ 84)
铜	mg/L	2~4	电感耦合等离子体质谱法、原子吸收分光光度法	《水质　65种元素的测定　电感耦合等离子体质谱法》(HJ 700) 《水质　铜、锌、铅、镉的测定　原子吸收分光光度法》(GB 7475)

续上表

指标	单　位	监测频度(次/年)	监测方法	方 法 来 源
锌	mg/L	2~4	电感耦合等离子体质谱法、原子吸收分光光度法	《水质　65种元素的测定　电感耦合等离子体质谱法》(HJ 700) 《水质　铜、锌、铅、镉的测定　原子吸收分光光度法》(GB 7475)
镉	mg/L	2~4	电感耦合等离子体质谱法、原子吸收分光光度法	《水质65种元素的测定　电感耦合等离子体质谱法》(HJ 700) 《水质　铜、锌、铅、镉的测定　原子吸收分光光度法》(GB 7475)
汞	mg/L	2~4	原子荧光法	《水质　汞、砷、硒、铋和锑的测定　原子荧光法》(HJ 694)
铅	mg/L	2~4	电感耦合等离子体质谱法、原子吸收分光光度法	《水质65种元素的测定　电感耦合等离子体质谱法》(HJ 700) 《水质　铜、锌、铅、镉的测定　原子吸收分光光度法》(GB 7475)
铬(六价)	mg/L	2~4	电感耦合等离子体质谱法	《水质65种元素的测定　电感耦合等离子体质谱法》(HJ 700)
铁	mg/L	2~4	火焰原子吸收分光光度法、邻菲啰啉分光光度法、电感耦合等离子体质谱法	《水质　铁、锰的测定　火焰原子吸收分光光度法》(GB 11911) 《水质　铁的测定　邻菲啰啉分光光度法(试行)》(HJ/T 345) 《水质　65种元素的测定　电感耦合等离子体质谱法》(HJ 700)
锰	mg/L	2~4	火焰原子吸收分光光度法、高碘酸钾分光光度法、甲醛肟分光光度法、电感耦合等离子体质谱法	《水质　铁、锰的测定　火焰原子吸收分光光度法》(GB 11911) 《水质　锰的测定　高碘酸钾分光光度法》 《水质　锰的测定　高碘酸钾分光光度法》(GB 11906) 《水质　锰的测定　甲醛肟分光光度法(试行)》(HJ/T 344) 《水质　65种元素的测定　电感耦合等离子体质谱法》(HJ 700)
硒	mg/L	2~4	电感耦合等离子体质谱法、原子荧光法	《水质　65种元素的测定　电感耦合等离子体质谱法》(HJ 700) 《水质、汞、砷、硒、铋和锑的测定　原子荧光法》(HJ 694)
砷	mg/L	2~4	电感耦合等离子体质谱法、原子荧光法	《水质　65种元素的测定　电感耦合等离子体质谱法》(HJ 700) 《水质　汞、砷、硒、铋和锑的测定　原子荧光法》(HJ 694)

续上表

指标	单　位	监测频度(次/年)	监测方法	方法来源
氯化物(以 Cl^- 计)	mg/L	2~4	硝酸银滴定法、硝酸汞滴定法、离子色谱法	《水质　氯化物的测定　硝酸银滴定法》(GB 11896) 《水质　氯化物的测定　硝酸汞滴定法(试行)》(HJ/T 343) 《水质　无机阴离子(F^-、Cl^-、NO_2^-、Br^-、NO_3^-、PO_4^{2-}、SO_3^{2-}、SO_4^{2-})的测定　离子色谱法》(HJ 84)
氟化物	mg/L	2~4	离子色谱法、真空检测管-电子比色法	《水质　无机阴离子(F^-、Cl^-、NBO_2^-、Br^-、NO_3^-、PO_4^{3-}、SO_3^{2-}、SO_4^{2-})的测定　离子色谱法》(HJ 84) 《水质　氰化物等的测定　真空检测管-电子比色法》(HJ 659)
氰化物	mg/L	2~4	容量法和分光光度法、真空检测管-电子比色法	《水质　氰化物的测定　容量法和分光光度法》(HJ 484) 《水质　氰化物等的测定　真空检测管-电子比色法》(HJ 659)
硫化物	mg/L	2~4	真空检测管-电子比色法	《水质　氰化物等的测定　真空检测管-电子比色法》(HJ 659)
挥发酚	mg/L	2~4	4-氨基安替比林分光光度法、溴化容量法	《水质　挥发酚的测定　4-氨基安替比林分光光度法》(HJ 503) 《水质　挥发酚的测定　溴化容量法》(HJ 502)
石油类	mg/L	2~4	红外分光光度法	《水质　石油类和动植物油类的测定　红外分光光度法》(HJ 637)
阴离子表面活性剂	mg/L	2~4	亚甲蓝分光光度法	《水质　阴离子表面活性剂的测定　亚甲蓝分光光度法》(GB 7494)
粪大肠菌群	MPN/L	2~4	纸片快速法、多管发酵法和滤膜法	《水质　总大肠菌群和粪大肠菌群的测定　纸片快速法》(HJ 755) 《水质　粪大肠菌群的测定》(HJ/T 347)

沉积物物理性质监测指标及方法　　表 3.4

指　标	单　位	监测频度(年/次)	监测方法	方法来源
沉积物类型	—	1	底泥沉降实验法	《土壤环境监测技术规范》(HJ/T 166)
沉积层厚度	m	1	沉积柱取样直接测量	《土壤检测　第3部分:土壤机械组成的测定》(NY/T 1121.3)

续上表

指　　标	单　　位	监测频度(年/次)	监测方法	方法来源
温度	℃	2~4	土壤温度计	《土壤环境监测技术规范》(HJ/T 166)
含水量	%	2~4	烘干法	《土壤　干物质和水分的测定重量法》(HJ 613)
重度	g/cm^3	1	环刀法	《土壤检测　第4部分:土壤容重的测定》(NY/T 1121.4)
粒度	%	1	激光粒度分析仪	《土壤检测　第3部分:土壤机械组成的测定》(NY/T 1121.3)

沉积物化学性质监测指标及方法　　表3.5

指　　标	单　　位	监测频度(次/年)	监测方法	方法来源
pH	—	2~4	电位法、补充方法来源	《土壤中pH值的测定》(NY/T 1377)
氧化还原电位	mV	2~4	电位法	《土壤　氧化还原电位的测定　电位法》(HJ 746)
阳离子交换量	cmol/kg	2~4	乙酸铵法	《森林土壤阳离子交换量的测定》(GB 7863)
有机碳	mg/kg	2~4	燃烧氧化-非分散红外法、燃烧氧化-滴定法、重铬酸钾氧化-分光光度法	《土壤　有机碳的测定　燃烧氧化-非分散红外法》(HJ 695) 《土壤　有机碳的测定　燃烧氧化-滴定法》(HJ 658) 《土壤　有机碳的测定　重铬酸钾氧化-分光光度法》(HJ 615)
总氮	mg/kg	2~4	凯氏法	《土壤质量全氮的测定凯氏法》(HJ 717)
总磷	mg/kg	2~4	碱熔-钼锑抗分光光度法	《土壤　总磷的测定　碱熔-钼锑抗分光光度法》(HJ 632)
镉	mg/kg	2~4	石墨炉原子吸收分光光度法、KI-MIBK萃取火焰原子吸收分光光度法	《土壤质量　铅、镉的测定石墨炉原子吸收分光光度法》(GB/T 17141) 《土壤质量　铅、镉的测定石墨炉原子吸收分光光度法》(GB/T 17140)

续上表

指标	单位	监测频度(次/年)	监测方法	方法来源
铬	mg/kg	2~4	火焰原子吸收分光光度法	《土壤和沉积物　铜、锌、铅、镍、铬的测定　火焰原子吸收分光光度法》(HJ 491)
汞	mg/kg	2~4	冷原子吸收分光光度法、微波消解/原子荧光法	《土壤质量　总汞的测定　冷原子吸收分光光度法》(GB/T 17136) 《土壤和沉积物　汞、砷、硒、铋、锑的测定　微波消解/原子荧光法》(HJ 680)
砷	mg/kg	2~4	二乙基二硫代氨基甲酸银分光光度法、硼氢化钾-硝酸银分光光度法、微波消解/原子荧光法	《土壤质量　总砷的测定　二乙基二硫代氨基甲酸银分光光度法》(GB/T 17134) 《土壤质量　总砷的测定　硼氢化钾-硝酸银分光光度法》(GB/T 17135) 《土壤和沉积物　汞、砷、硒、铋、锑的测定　微波消解/原子荧光法》(HJ 680)
铅	mg/kg	2~4	石墨炉原子吸收分光光度法、KI-MIBK 萃取火焰原子吸收分光光度法	《土壤质量　铅、镉的测定石墨炉原子吸收分光光度法》(GB/T 17141) 《土壤质量　铅、镉的测定 KI-MIBK 萃取火焰原子吸收分光光度法》(GB/T 17140)
铜	mg/kg	2~4	火焰原子吸收分光光度法	《土壤质量　铜、锌的测定火焰原子吸收分光光度法》(GB/T 17138)
锌	mg/kg	2~4	火焰原子吸收分光光度法	《土壤质量　铜、锌的测定火焰原子吸收分光光度法》(GB/T 17138)
镍	mg/kg	2~4	火焰原子吸收分光光度法	《土壤质量　镍的测定　火焰原子吸收分光光度法》(GB/T 17139)
钾	mg/kg	2~4	火焰光度法	《森林土壤钾的测定》(LY/T 1234)
有效硼	mg/kg	2~4	废水浸提-甲亚胺比色法	《森林土壤有效硼的测定》(LY/T 1258)
全盐量	mg/kg	2~4	烘干称重	《土壤　干物质和水分的测定　重量法》(HJ 613)

(1)断面及样点布设应符合下列规定。

工程河段总体调查一般以断面布设为宜,工程区上、下游各布设 1 个断面,工程区域内布设不少于 2 个断面。河段内有支流交汇时,应在交汇口布设 1 个断面。断面垂线布设参照表 3.6 设置。

断 面 垂 线 布 设　　表 3.6

水面宽(m)	垂 线 数	说 明
≤50	1 条(浅区)	1. 分汊河段按各汊道分别布设; 2. 湖泊水库可参照执行
50~100	2 条(左、右)	
>100	3 条(左、中、右)	

(2)局部重点区域调查应满足以下要求。

①在典型生境,如浅滩、深槽、急流区、缓流区、回水区、过渡区等区域布设样点,样点数量不少于 1 个。

②在航道整治关键区域,如航道整治建筑物附近、疏浚和清礁区等布设样点,样点数量根据工程具体情况确定。

结合生境调查和环评报告,监测结果分析和评估主要集中在工程所在区域的水生生物和鱼类的群落状况,重点分析评价航道整治关键区域以及可能受其影响区域的水生生物、鱼类(特有物种)、珍稀水生动物的种类组成、群落结构,密度、生物量、生产力水平、生物多样性、时空分布特征。重点针对工程所在区域植物群落(水生植被和陆生植被)的物种组成、群落类型、生物量、生物多样性,对陆域生态系统的现状做出评价。包括工程河段河床演变状况对生境的影响,同时兼顾鱼类“三场一通道”的影响,提出避让、减缓等保护措施。

3.3　内河航道生态调查及应用

3.3.1　研究区域概况

本书研究区域位于贵州省荔波县樟江与漭阳河流域,均为山区河流。樟江全长 100.6km,属于珠江水系,流域面积约为 1500km^2,樟江多年平均流量为 28.8m^3/s。漭阳河全长 258.4km,多年平均流量为 31.22m^3/s。目前,樟江流域内正开展航道建设工程,工程河段位于樟江下游的荔波县城西南 31.04km 范围内,水位落差达 19.5m,平均比降 0.62‰。因此,在樟江航道工程建设河段设置大型底栖动物采样点 b_j,在樟江下游至小七孔自然河段区间内设置采样点 c_k。由于漭阳河(镇远段)为已建成航道,在漭阳河航道设置对照采样点 a_i。通过在研究区域内的已建成航道、建设中航道和自然河段设置 26 个采样点,研究航道工程建设对研究区河流生态系统的影响程度。

3.3.2 采样与分析方法

3.3.2.1 大型底栖动物的采集与鉴定

本节针对河滨带大型底栖动物的野外采样工作于2015年9月及2016年9月樟江、漖阳河内进行,采样点主要设置在樟江航道工程建设河段、樟江下游自然河段,同时在已运行的漖阳河航道设置对照采样点,采样点广泛分布于研究河段河滨带区域内。在各采样点主要采集样线内底栖生物,确定底栖生物的种类、种群数等指标。同时,样点环境背景调查采用样方调查方法,记录样线内采样点的植被覆盖类型、盖度及植被高度等指标。同时,还要调查航道建设时间、河道宽度、河道深度与流速等指标。采样时还应现场测定采样点内的水质状况(水深、透明度、pH值、流速、温度等),使用容器将样点水样妥善保持,将水样送至实验室内进行水质分析。实验内进行的采样点水样测定的基本指标包括:化学需氧量(COD)、总磷(TP)、总氮(TN)、氨氮(NH_3-N)等。实验方法参照土壤全磷测定法。通过在樟江、漖阳河的野外采样工作,采集和分析了大量大型底栖动物样品及水样,获取了研究区域内相关水质指标与大型底栖动物的群落结构、多样性数据,为进一步的研究提供了良好的数据基础。

3.3.2.2 分析方法

本节中所有相关的环境变量的数据都事先进行$\log(x+1)$转换,进行必要的数据标准化过程,能够去除冗余,使研究所需的数据符合正态分布。使用主成分分析[91](Principal Component Analysis,PCA)确定影响大型底栖动物群落分布的主要水质指标。在PCA分析之前,首先使用单因素方差分析(one-way ANOVA)检验样点间数据的差异性,样点间数据检验的p值要满足$p<0.05$。使用皮尔逊相关系统对水质指标进行筛选[92],如果两组水质指标呈高相关性($r>0.8$),为了避免数据冗余,则两组数据取其一进行分析。PCA分析在SPSS 18.0软件中进行。

生物多样性水平是评价河流生态系统健康的重要衡量测度。河流生态系统生物多样性通常包括:遗传多样性、物种多样性和生态系统多样性三个层次的内容。其中,已有的研究多集中于对河滨带内物种多样性的探讨之上,也产生了大量关于描述物种多样性的生态评价指数。河流生态系统中的物种多样性是指有关生物种类的生物多样性,一般由特定区域内的物种数量、分布特征来表征。其中,α-多样性主要用于评估特定群落或者均匀生境内部物种多样性水平,表征的是均匀生境内群落内部物种之间通过竞争、协作而产生的群落结构特征。由于本节的大型底栖动物采样区域基本都设置于相似的均匀生境内,所以本节所研究的大型底栖动物生物多样性即指物种多样性中的α-多样性。

因此,Shannon-Wiener指数[93]更适宜本节中河滨带内大型底栖动物多样性的研究,如无特别说明,本节中所涉及的大型底栖动物多样性指数均为Shannon-Wiener多样性指数H:

$$H = -\sum[n_i/N\ln(n_i/N)] \tag{3.1}$$

式中:N——采集样品中所有大型底栖动物种类的总个体数量;

n_i——样品中第 i 种底栖动物的个体数量。

在已有的大型底栖动物群落数据及相关环境变量的基础上,使用典范对应分析(Canonical Correspondence Analysis,CCA)揭示环境因子与大型底栖动物群落构成之间的关系,并通过排序确定影响大型底栖动物群落结构的关键环境变量。本节中的环境因子除了水质指标之外,还包括采样点的通航密度(Traffic density,TR-D)[94]及其所在的航道建设时期(Waterway Construction period,W-Con)[95]。使用 Monte-Carlo 排列检验阐明 CCA 分析结果中轴 1 与轴 2 的统计显著性特征。在明确主要环境因子对大型底栖动物群落的影响之后,使用偏分析(Partial CCA)对影响大型底栖动物群落的主要环境因子进行方差分解(Variance Partieioning Analysis,VPA)[96],计算出每个主要环境因子影响大型底栖动物群落的贡献率。本节的 CCA 分析与 Variance Partitioning 过程均在生态排序分析软件(Canoco 4.5)中进行。

3.3.3 影响大型底栖动物的关键环境因子

通过主成分分析(PCA)确定影响河滨带大型底栖动物群落分布的主要环境因子,表 3.7 显示了研究区内影响大型底栖动物分布的 11 种主要水质指标及其平均值和显著性差异。

影响大型底栖动物群落分布的环境因子　　表 3.7

环境因子	缩写	Mean±S. D.	P 值	F 值
全氮 Total nitrogen(mg/L)	TN	9.51±3.92	0.001	5.327
氨氮 Nitrate nitrogen(mg/L)	NH_3-N	3.03±1.18	0.003	3.833
总磷 Total phosphorus(mg/L)	TP	1.82±0.71	0.008	2.956
化学需氧量 Chemical oxygen demand(mg/L)	COD	4.37±0.68	0.011	1.716
悬浮物 Suspended solid(μg/L)	SS	1.45±0.41	0.014	1.497
溶解氧 Dissolved oxygen(mg/L)	DO	8.47±0.89	0.021	1.275
流速 Flow velocity(m/s)	VEL	0.22±0.13	0.025	1.238
温度 Temperature(°C)	TEM	22.85±0.74	0.030	1.149
酸碱度 pH	pH	7.69±0.28	0.038	1.162
氨氮 Ammonia nitrogen(mg/L)	NH_4-N	0.43±0.11	0.337	0.928
总溶解固体 Total dissolved solid(g/L)	TDS	1.22±0.52	0.561	0.845

通过由水质指标和大型底栖动物丰度组成的相关矩阵,明确影响大型底栖动物群落分布的主要水质指标,主要包括总氮(TN)、氨氮(NH_3-N)、总磷(TP)、化学需氧量(COD)、悬浮物

(SS)、溶氧量(DO)、流速(VEL)、温度(TEM)、pH($p<0.05$)9 种水质指标。通过 PCA 分析得到这 9 种水质指标能够解释 99.68%的统计结果,PCA 中环境变量特征根的统计见表 3.8。

PCA 分析中环境变量的特征根　　　表 3.8

环境变量 Environmental variables	全部特征值 Total eigenvalues	单变量解释度 % of Variance	累计解释百分数 Cumulative %
TN	4.355	48.391	48.391
NH_3-N	1.528	16.973	65.364
TP	1.006	11.112	76.476
COD	0.811	9.025	85.502
SS	0.509	5.652	91.154
DO	0.462	5.135	96.289
VEL	0.181	2.015	98.304
TEM	0.105	1.163	99.467
pH	0.048	0.233	100.000

3.3.4 樟江航道典型大型底栖动物空间分布

如图 3.1 所示,在不同建设时期航道的采样点内,河滨带大型底栖动物群落的平均种群密度从 17ind/m^2 增加到 539ind/m^2。其中在处于运行期航道 a_i 的河段内,大型底栖动物种群密度在 17~126ind/m^2之间;在建设期航道 b_j 的河段内,大型底栖动物种群密度在 32~285ind/m^2之间,而在自然状态河段 c_k 的河段内,大型底栖动物种群密度在 79~539ind/m^2之间。大型底栖动物种群密度最高的采样点位于自然河段,即 c_k 组内。大型底栖动物多样性最高的采样点位于具有较高水文连通的 c_k 河流段内,而位于 a_i 和 b_j 河流段的采样点内的大型底栖动物群落表现出较低的多样性(表 3.9)。

通过在实验室对不同建设期航道采集到的大型底栖动物样品分析、鉴定工作,共辨识出 26 种大型底栖动物,主要包括寡毛纲(Oligochaeta,2 种)、腹足纲(Gastropoda,8 种)、摇蚊科(Chironmidae,5 种)、瓣鳃纲(Lamellibranchia)、昆虫纲(Insecta)、甲壳纲(Crustacea)、蛭纲(Hirudinea)。其他种类的大型底栖动物虽然在采样点也偶有发现,但是由于其出现的概率较小,本节将其剔除,不予讨论。表 3.9 说明不同样点内大型底栖动物群落的多样性及不同种类大型底栖动物的分布状况。本节统计了不同水文连通度的采样点内的大型底栖动物多样的平均值。

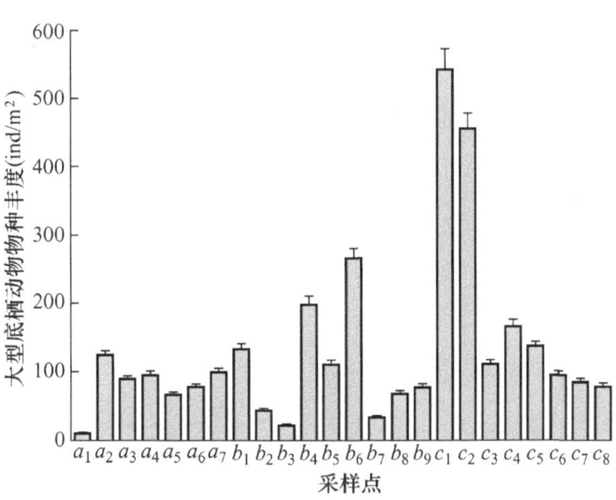

图 3.1　航道内大型底栖动物群落的相对丰度

航道不同样点内大型底栖动物种群及其多样性分布　　表 3.9

大型底栖动物	英文名称	缩写	a_i采样点	b_j采样点	c_k采样点
			$a_1,a_2,a_3,a_4,a_5,a_6,a_7$	$b_1,b_2,b_3,b_4,b_5,b_6,b_7,b_8,b_9$	$c_1,c_2,c_3,c_4,c_5,c_6,c_7,c_8$
霍甫水丝蚓	Limnodrilus hoffmeisteri	Lim	0.11	0.16	0.26
苏氏尾鳃蚓	Branchiura sowerbyi	Bra sow	0.17	0.28	0.35
扁蛭属一种	Glossiphoniasp.	Glo		0.10	0.06
仿雕石螺属一种	Lithoglyphopsissp.	Lith			0.28
铜锈环棱螺	Bellamya aeruginosa	Bell			0.31
豆螺属一种	Bithynia sp.	Bith			0.21
椭圆萝卜螺	Radix swinhoei	Rad		0.27	0.36
光滑狭口螺	Stenothyra glabra	Sten	0.21	0.31	0.14
钉螺属一种	Oncomelaniasp.	Onc			0.23
凸旋螺	Gyraulus convexiusculus	Gyr			0.06
尖膀胱螺	Physa acuta	Phy		0.14	
河蚬	Corbicula fluminea	Cor	0.13	0.22	0.18
米虾属一种	Caridinasp.	Car	0.09	0.37	0.13
四节蜉属一种	Baetissp.	Bae	0.12		
细蜉属一种	Caenissp.	Cae	0.02	0.03	0.04
纹石蛾科一种	Hydropsychidaesp.	Hyd		0.04	

续上表

大型底栖动物	英文名称	缩写	a_i采样点	b_j采样点	c_k采样点
			$a_1,a_2,a_3,a_4,a_5,a_6,a_7$	$b_1,b_2,b_3,b_4,b_5,b_6,b_7,b_8,b_9$	$c_1,c_2,c_3,c_4,c_5,c_6,c_7,c_8$
春蜓科一种	Gomphidaesp.	Gom	0. 13		0. 06
弓蜻属一种	Macromiasp.	Mac		0. 15	0. 08
划蝽科一种	Corixidaesp.	Cor			0. 04
溪泥甲科一种	Elmidaesp.	Elm			0. 04
扁泥甲科一种	Psephenidae sp.	Pse		0. 03	
筒水螟属一种	Parapoynxsp.	Par		0. 03	
贝蠓属一种	Bezziasp.	Bez			0. 06
大蚊科一种	Tipulidaesp.	Tip		0. 03	
虻科一种	Tabanidaesp.	Tab			0. 04
内摇蚊属一种	Chironomussp.	Chi	0. 14	0. 12	0. 16

不同航道建设期河流段内大型底栖动物多样性和种群密度变化如图 3. 2 所示。

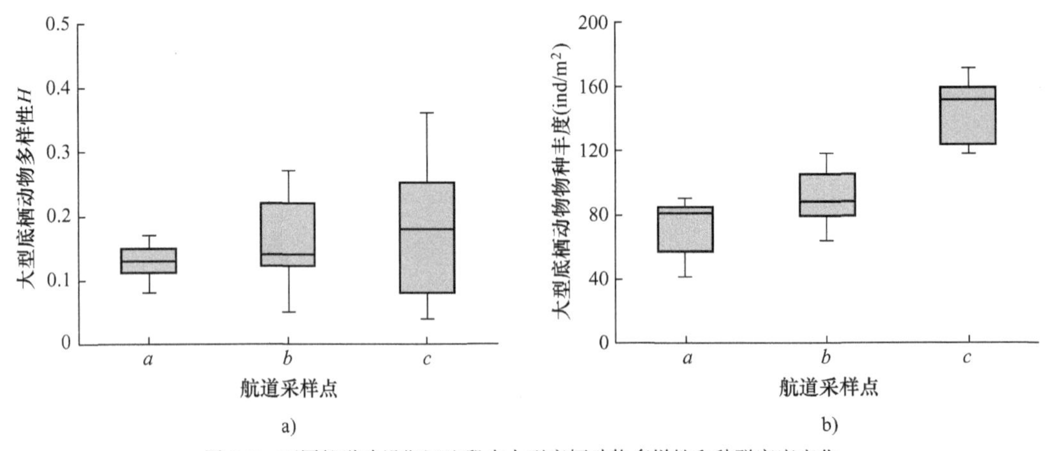

图 3. 2　不同航道建设期河流段内大型底栖动物多样性和种群密度变化

通过统计分析内河航道不同建设时期对大型底栖动物多样性、种群密度的影响关系，结果表明研究区内的大型底栖动物多样性受到航道建设工程的显著影响，在航道建设期与运行期的河流段内变化不大[图 3. 3a)]，在自然河段内显著增加[图 3. 3b)]。

将相关环境因子数据通过 log(x+1)变换进行数据标准化处理，使得环境变量之间达到近似标准分布状态。在此基础上对环境变量和大型底栖动物物种相关指标进行典范相关分析(CCA)，用于揭示环境因子对大型底栖动物群落分布的相关趋势(图 3. 3)。通过 CCA 分析可以得到前两轴的方差解释率为 57.63%,其中,轴 2 与 DO($r=0.61,p<0.001$)、pH ($r=0.56,p<0.05$)显著正相关,与 TN ($r=0.51,p<0.05$)、W-Con ($r=0.54,p<0.05$)、TP ($r=0.71,p<0.001$)、Tra-D($r=0.57,p<0.05$)、NH_3-N($r=0.68,p<0.05$)显著负相关。结果表明,河流段的建设期(W-Con)和河流段的通航密度(Tra-D)对大型底栖动物群落结构、分布的影响较为明显。

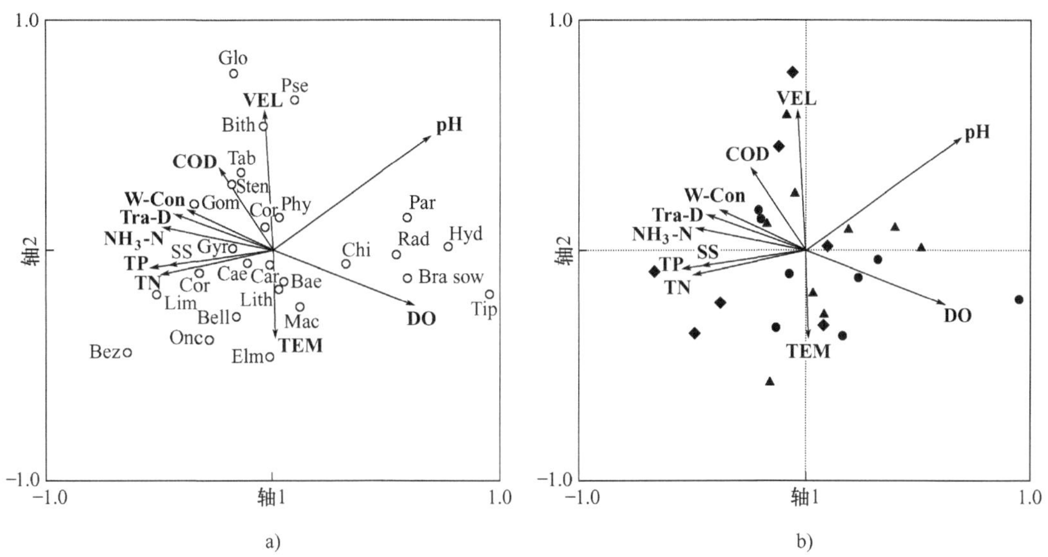

图 3.3 大型底栖动物群落与环境因子的 CCA 排序

注:(1)箭头表示典型环境因子,环境因子缩写见表 3.7,底栖动物缩写见表 3.9。

(2)图 3.3a)中空心圆点代表底栖动物丰度,图 3.3b)中三角点代表采样点 a_i,菱形点代表采样点 b_j,圆点代表 c_k。

3.4 小 结

(1)内河生态航道监测依托生态环境调查与分析为航道生态建设工程设计、环境影响评价、工程完工后生态效果评估提供了基础支撑。明确了内河生态航道监测的目的和原则,提出了监测范围、断面测点布置和监测频次的原则和方法。

(2)结合传统生态环境调查中手段和方法,本章针对生态航道建设特点,提出内河生态航道监测的生物指标、生境指标,系统给出了观测指标、观测方法、观测频次等详细内容,给出了重点调查区域和样点布设的规则。

(3)本章进一步定义了内河航道生态监测结果分析和评估应涵盖内容、遵循准则及重点评估对象,评估结果为生态航道布局、新型结构设计论证提供了支撑。

(4)对贵州荔波樟江和溇阳河生态监测表明:大型底栖动物群落长期生活在水体底泥中,具有迁移能力弱、区域指示性强等特点,对水体环境污染与改变通常不具有或很少有逃避能力,一旦大型底栖动物群落受到环境影响,其重建、恢复过程需要较长的时间。同时,大型底栖动物多数种类体型较大、容易辨认,不同种类的大型底栖动物对环境条件的适应性、污染的敏感程度也有所不同。因此,依据大型底栖动物群落以上特点,利用大型底栖动物种群结构、栖息密度和多样性等群落结构指标,能够较好地反映河流形态改变之后河流生态系统的健康状况。

第4章

内河航道生态设计理论

近三十多年来,国外在河流生态治理方面起步较早,并且已经取得诸多成果,开展了很多河流生态治理工程,但在所取得的成果中理念性、经验性居多,采用的指导工程建设的规范,也是原则性的技术要求多,而具体能够指导生态航道工程设计、建设的技术较少。

国内主要围绕航道整治工程(筑坝工程、护岸或护滩工程、航道爆破工程和疏浚工程)进行传统坝体、护岸护滩结构的生态化改造,如近年来在长江干流和主要内河航道网所采用的合金钢丝石笼网箱(垫)、三维土工网垫、四面六边透水框架、鱼巢生态坝体、联锁式植草砖、土工格栅、绿化混凝土生长基、透水预制混凝土沉箱式护岸等护岸护滩结构[73-74,83]。总体来看,虽然认识到了生态保护的重要性,并尝试引入生态型结构或采取生态修复措施,但尚未形成完善的理论和技术方法,对支撑航道整治技术的水环境和水生态作用机理研究有待加强,偏重于从结构形式和材料等常识性认识角度定性地开发生态航道整治技术,缺乏从水生生物生境需求端,依据水生生物水力学条件表征,对航道整治结构设计参数做定量研究。

4.1 内河航道生态设计理念和原则

生态航道建设理念实质是在传统的航道整治工程布局基础上体现出河流一体化整治或治理的理念。该理念提倡兼顾多目标(行洪、通航、生态、景观等)进行的综合性工程布置,注重结合河势和岸线的特点,因地制宜地从布局上制定生态工程方案,其本质就是从规划阶段对河流行洪空间、河流连通性恢复、生物栖息空间和船舶航行空间进行合理配置[97-101]。

航道工程平面布置应在满足航道治理标准的前提下,充分考虑生态环境的要求,结合航道生态水动力模型计算成果及整治河段生态环境实际情况,采用复制法、经验关系法等合理布置航道工程平面。

内河航道工程的生态设计宜建立在对河段生态系统环境历史资料和现状监测数据全面调

研和深入分析的基础上，借鉴生态环境保全的孔隙理论、退化河岸带的修复与重建理论和河滩湿地的生态保护理论，综合运用河流动力学、航道工程学、环境工程学、生态工程学和景观园林工程学等的基本概念、原理、方法和技术开展设计，并遵循以下基本原则：

(1)主动保护原则：航道工程生态设计宜尽可能避开重要生态环境敏感点，尽量减少对重要生态环境敏感点的影响，主动保护和改善环境。

(2)自然性原则：生境多样性的保护宜尽量维持河段的原有地貌和自然形态，尽量保留自然条件较好的河段及湿地。生境多样性的营造宜充分考虑河段形态地貌及河段内洲滩改造两方面的因素，因地制宜修复采砂坑，布置生态涵养区、生态庇护区，构造人工湿地和人工岛等。

(3)综合性原则：生态保护与航道治理相结合，航道工程生态设计应充分考虑河段的航道畅通、生态功能、生态景观等功能的需要，实现工程综合效果，应从适宜生物栖息的角度出发，全面考虑工程对水文、水深、流速、底质、河段形态、断面形式及材料等多方面生境因子的影响，构建适宜生物栖息及繁殖的生境条件。

4.2 生态航道分区设计理论

传统的航道工程以单纯满足航道通行尺度为导向，采用锁坝、硬质堤岸等措施阻隔主河槽与边滩等浅水湿地的联系，恢复河流的横向连通性正是如今所倡导的生态航道建设的主要内容。对实现河流横向连通，维持河流生态系统结构完整和功能稳定具有重要意义。河流边滩、河漫滩、牛轭湖、河流支汊和江心洲是河流重要的生态调节区，是天然河流重要的组成部分。生物群落生活的区域一般都是在一些浅滩和深滩之间，或者河流横断面上，而人为改造过的河床输水性能虽然比较好，但是断面形式太过于单一，损坏了河道多样性的特点，造成水流流速一线化。生物物种的多样性取决于河流形态的多样性，破坏了河流形态的多样性，一定会影响到生物种的多样性。因此，根据生态监测，结合流域或区域特点，统筹考虑区域自然地理和气候条件、流域上下游水资源条件、水生态系统特点等关键要素，在满足航道治理标准的前提下，充分考虑生态环境的要求，从重点内容、空间分布、时间安排等方面进行规划布局；注重对河流通航与生态功能的空间格局构建，初步确定分区为生态区和通航区。利用一些整治工程形成连通的浅水生境构建生态区，通过生态区整治的整治工程保障通航区的通航效果。

由图4.1可见，黄色箭头所示为水流方向，右岸由断口丁坝群形成浅滩(浅水生境)，以及多个断口及其间挖槽构成鱼类的洄游通道，一起形成生态区，而丁坝群形成整治工程约束水流，保障了左侧主槽通航水深，形成通航区。

图4.1　航道分区设计工程图

4.3　生态航道整治结构设计理论

4.3.1　新型生态丁坝结构设计

传统的整治丁坝往往单独或组合使用整体性、抗冲性较好的块石、混凝土、沙枕、卵石网兜等材料，相应的结构包括抛石、砌石、现浇或预制块体以及其他的新型的丁坝。这些结构都具有较高的抗冲性能和整体性，同时有着施工方便，造价低廉的优势，但是在内河航道整治工程实践中，这种“硬性”挡水结构也暴露出各种问题，具体如下[102-104]：

（1）由于材料多为不透水、无孔隙的硬性材料，在水流的长期冲刷侵蚀下容易导致基础被掏空或产生局部冲刷坑，坝体的稳定性降低，诱发整治结构物水毁，耐久性大打折扣。

（2）由于材料整体性较好，所以在发生不均匀沉降，导致受力不均匀的情况下，构件很容易断裂损毁，导致坝体破坏，失去整治功能。

（3）硬性的材料结构使得植被难以在坝体表面和内部附着，而研究发现植被根系可以起到加筋固土的作用。同时，水生生物和底栖生物也依赖与植被的丰茂，因此，采用硬性整治丁坝对其附近生态系统造成了不利影响。

（4）整治丁坝的修建一定程度上降低了河流的局部纵向连通性，不利于鱼类的洄游索饵。

（5）近岸区是鱼类较为活跃的区域，整治丁坝局部区域流速较缓，是鱼类和底栖生物的良好栖息地，但是与此同时，为了达到较好的整治效果，整治丁坝高程往往采用整治水位，洪水期，整治丁坝局部区域淤积堵塞，而当水位下降，整治丁坝局部区域冲刷，底质的不稳定，使底栖生物的栖息环境遭到破坏。

通过对现有航道整治结构的总结分析发现,在传统的河道整治工程中,往往只注重河流的"泄洪、排涝、蓄水、航运"的使用功能,忽视了河流原本应该发挥的生态调节的功能,现如今,以生态为主,实现多种建设功能成为发展的主流。生态型整治结构物是通过修建生态型整治结构物后可满足河道整治要求的同时,利用其挡水作用,创造适宜水生生物生存的栖息生境,达到生态修复的目的。因此,在结构的设计中,应遵循以下原则:

(1)安全性原则:生态型整治结构物的安全性是其正常发挥其整治功能和生态性的前提,具体表现为以下几点:

①强度,丁坝结构材料本身应具有一定强度,能够抵抗来流的冲撞,另外应根据丁坝位置受力的不同,选择不同强度的材料。例如,对受水流冲力较大的坝头和坝跟位置可以选用强度较大的材料,对受水流冲力较小的丁坝背坡可以选用强度相对较小的材料。

②稳定性,保证丁坝结构基本稳定,具有足够的稳定重量,保证其主体结构的基本完整,对容易引起局部失稳的部分加以保护。

③耐久性,丁坝结构在水流的冲刷磨损下,使用寿命会大大缩短,因此需要考虑到丁坝的耐久性,这也会影响丁坝后期的维护费用。

(2)功能性原则:丁坝的整治功能是工程建设的首要目的,所以需要确保结构具有良好的工程效果。具体表现为如下几点:

①束窄河床,冲深河槽;

②调整流向,控导河势;

③保护河岸免遭淘刷。

(3)生态性原则:生态丁坝在满足河流整治功能要求的同时,还应充分发挥丁坝的生态功能,利用其后坝田缓流区营造水生生物栖息地,维护生态系统的稳定。

①不能对原有的生态系统造成破坏,减少丁坝工程对河流生态系统的制约。

②栖息适宜性,考虑到工程河段水生生物种类和栖息特点,工程结构能够为其创造多样化流态,形成深槽与浅滩相间的地形环境,提高生物多样性。

③绿色性,丁坝材料绿色环保,植物能够附着,动物能够栖息接近。丁坝结构能够与当地生态系统有机融合,成为自然环境的一部分。

④景观性,与周围环境景观协调,满足对水体景观的基本需求。

⑤人水和谐,满足良好的亲水性需求。自然河流,要以回归自然作为生态丁坝建设的主流,给人们提供舒适的休闲郊游空间的水域环境。

(4)经济性原则:

①施工方便;

②材料易得;

③便于生产。

4.3.1.1　局部过流丁坝

前人研究中,仅仅从水动力学和结构力学的角度进行丁坝设计,很少有结合生态学和水生生物需求端进行丁坝结构设计的。一般情况下,泥沙会在坝后淤积形成坝田,是鱼类等水生生物的良好生境,但传统丁坝结构设计过程中往往为了寻求工程效益最大化,往往将丁坝设计为连续、不透水的实体丁坝。一方面,忽视了为水生生物留有栖息生境和洄游通道的问题,植物与动物难以在丁坝处生长栖息,与其后坝田难以形成统一有机的生态圈,不利于丁坝周围生境的维持,另一方面,丁坝处水流结构比较复杂,由于过流面积较小,使得丁坝所在断面流速较大,在水流的长期冲刷下,坝体面层块石易滑落,造成局部失稳,植物也难以附着。

因此,需要开发一种局部可以过水,材料上绿色环保,生态上亲水友好的丁坝结构,要求其既能够减小河流的冲刷,保证坝体的稳定,满足通航的需要,又能为动植物营造良好的栖息环境。

在此基础上,结合水生生物对栖息地地形多样性和流态多样性的要求,对传统丁坝结构进行改造,在丁坝中部设置缺口,使丁坝结构可以局部过水,有利于在坝后区域形成多样性流态和地形,为水生生物提供近岸洄游通道,同时缓解行洪压力。其改造结构如图4.2所示。

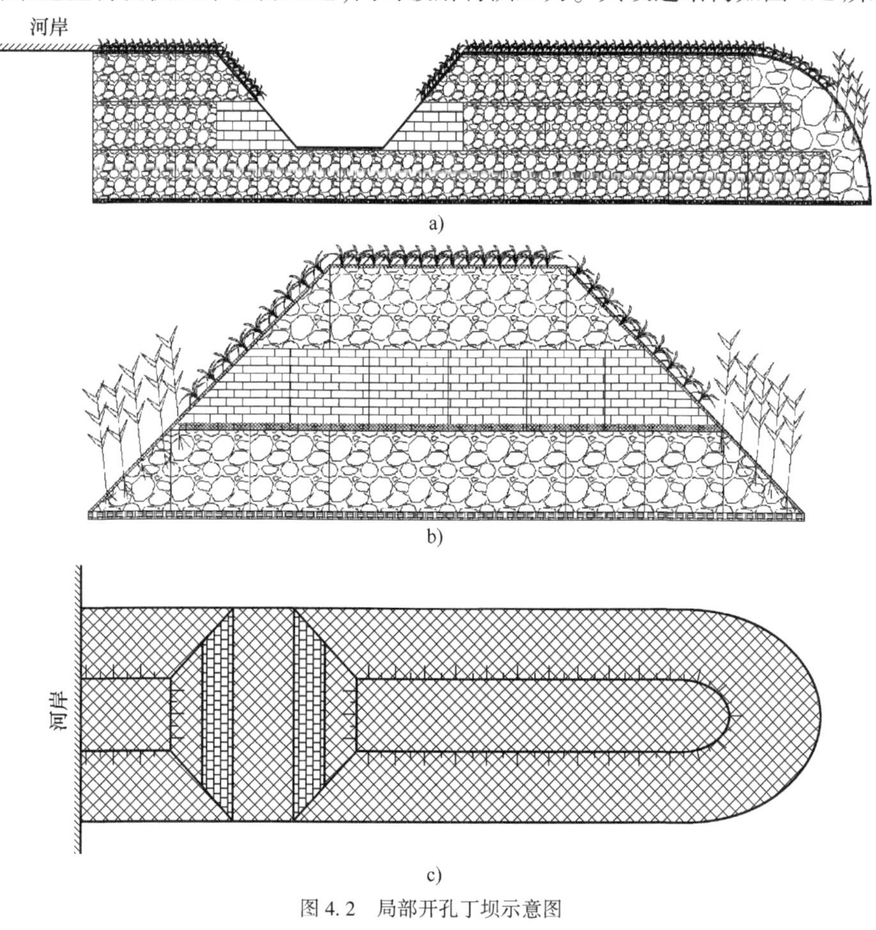

图4.2　局部开孔丁坝示意图

a)正视图;b)侧视图;c)俯视图

图4.2为局部开孔丁坝示意图。坝体主体采用生态性更好的格宾石笼搭接而成。该结构的特点在于：

格宾石笼作为整个结构主体的受力单元，依靠自身重力来抵抗来流的冲击，格宾石笼之间绑扎连接，以确保结构的整体性。格宾石笼网箱是采用具有高抗腐蚀、高强度、具有延展性的低碳钢丝使用机械编织而成。对于河床地形的变化具有良好的适应性。因此比较适用于位于水力条件复杂，河床冲淤变化较大处的结构。

丁坝坝身局部过水，一方面在中枯水期，丁坝束水归槽，冲深航道；在洪水期一部分水流从坝身穿过，提高了过洪能力，另一方面分散了水流的绕坝冲刷，另外减缓了过坝水流的流速，从而减少了坝头和坝根的局部冲刷，具体整治效果在动床试验进一步说明。

本结构采用格宾石笼这种具有一定透水性的材料，石头缝隙间的淤泥为植物的生长附着创造了良好条件，同时由于缺口的存在，坝后水流流态更加复杂，有利于在坝田处形成更加多样性的流态，同时减弱了水流漫坝淘刷和非漫坝淤积的周期性冲淤变化，尤其对于沙质河床来说，有利于维持坝田区域处丁坝河床底质的稳定性，这对于底栖生物的生存是至关重要的。另外，丁坝开孔可以为水生生物特别是鱼类提供一条游动通道，这也是从水生生物需求端所作出的考量。具体坝田冲淤变化在下文有进一步说明。

格宾石笼可以提前在工厂加工批量制作，尺寸和规格可以视具体工程要求确定，比较灵活，石笼网箱在工厂压缩捆绑后运输，可节约占地面积，节约运输费用；另外，材料也比较简单易得，生产工艺并不繁复，且施工方便，只需要将石块装满网箱封口即可，石笼网箱的自透水性使其具有自排水能力，不需另外加排水设施。该结构获得实用新型专利授权，授权号为ZL201821060368.7。

4.3.1.2 生态整治丁坝群

丁坝的平面布置方式和结构形式是影响坝田流态和冲淤的关键因素，如果对其进行设计研究，可以利用坝田区域为鱼类等水生生物营造良好栖息生境，使得丁坝在保证其通航功能的同时兼顾有生态修复的功能。但在传统丁坝结构设计过程中，往往为了寻求工程效益最大化，通常仅针对通航需求方面对丁坝进行设计，为了能达到较好的束水效果，一般采用坚固耐久但不够生态环保的材料，并将丁坝设计为连续、不过水的实体丁坝。一方面，忽视了为水生生物留有栖息生境和洄游通道的问题，植物与动物难以在丁坝处生长栖息，与其后坝田难以形成统一有机的生态圈，不利于丁坝周围生境的维持；另一方面，降低了航道的过洪能力，使得行洪压力增大。面对丁坝处复杂的水流结构，并且在水流的长期冲刷下，坝体面层块石易滑落，造成局部失稳，植物也难以附着。另外，以往的丁坝设计中，很少考虑到在坝体范围内为动植物营造其适宜的栖息环境，并利用坝后多样性流态和冲淤地形形成不同生物功能区，发挥其生态功能。

因此，不同于传统丁坝布置形式，一种内河生态整治丁坝群，包括从上游至下游依次设置的一个导流丁坝和多个护岸短丁坝以及与多个所述护岸短丁坝一一对应设置的多个挡水丁坝,所述导流丁坝一端与河岸相连,另一端伸向河槽,与河岸成一定角度,坝头指向下游;所述挡水丁坝离岸设置,位于航道中部,整体呈 U 字形,U 字形开口指向下游,由弧形坝头和两段直线形坝身组成,靠近主流一侧的坝身沿主流流向设置,临岸一侧的坝身平行于河岸;所述护岸短丁坝在平面上与河岸连接成丁字形;所述挡水丁坝和与其相对应的护岸短丁坝呈对口丁坝排布,二者之间形成过水支汊。其结构平面布置形式如图 4.3 所示。

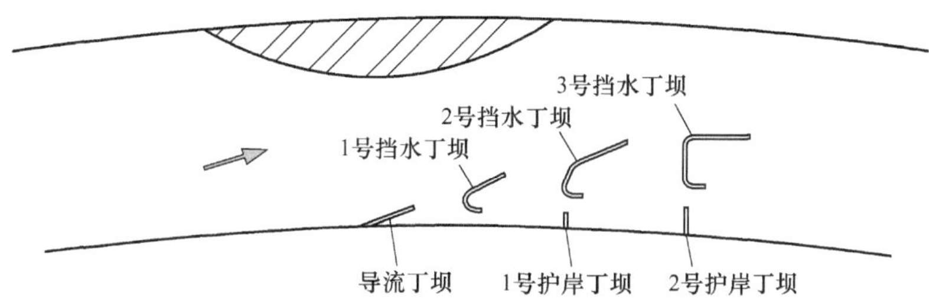

图 4.3　内河生态整治坝群示意图

本结构名称为内河生态整治丁坝群,该丁坝群包括导流丁坝、挡水丁坝以及护岸短丁坝。导流丁坝引导水流,挡水丁坝进一步束水归槽,冲深航道,护岸短丁坝保护丁岸减少冲刷。

4.3.1.3　结构特性

(1)安全性。

格宾石笼作为整个结构主体的受力单元,依靠自身重力来抵抗来流的冲击,格宾石笼之间绑扎连接,以确保结构的整体性。格宾石笼网箱是采用具有高抗腐蚀、高强度、延展性的低碳钢丝,使用机械编织而成。对河床地形的变化具有良好的适应性。因此,比较适用于位于水力条件复杂、河床冲淤变化较大处的结构。

(2)功能性。

利用挡水丁坝和导流丁坝的控导水流的作用,水流流向发生改变,大部分水流被导入主河槽,断面束窄,水深增加,流速增大,进一步冲刷航道;维持航道水深,另外护岸短丁坝的存在可保护河岸免遭淘刷。由于丁坝之间间隔布置,相互之间留有过水空间,所以在洪水期一部分水流从坝体之间穿过,提高了过洪能力。

具体整治效果在试验章节中进一步说明。

(3)生态性。

本结构采用格宾石笼这种具有一定透水性的材料,石头缝隙间的淤泥为植物的生长附着创造了良好条件,并且由于丁坝之间间隔布置,相互之间留有过水空间,可以为鱼类等水生生物提供不受通航干扰的洄游通道和栖息生态环境。同时,水流流态更为复杂,坝后的多样性流态为形成多样性流态,从而丰富物种多样性。这也是从水生生物需求端所作出的考量。具体坝田冲淤变化在下文有进一步说明。

(4)经济性。

格宾石笼可以提前在工厂加工批量制作，尺寸和规格可以视具体工程要求确定，比较灵活，石笼网箱在工厂压缩捆绑后运输，可节约占地面积，节约运输费用；另外，材料也比较简单易得，生产工艺并不繁复，施工方便，只需要将石块装满网箱封口即可，石笼网箱的自透水性使其具有自排水能力，不需另加排水设施。该结构获得实用新型专利授权(ZL201821921590.1)。

4.3.2 新型生态护岸结构形式研发

传统护岸常采用浆砌块石墙护岸结构等，随着时间的推移，此类护岸结构缺点越来越明显，优质石料资源消耗大，石墙护面灌浆阻隔了河流和河岸的水体交换，对生态环境破坏较明显，同时浆砌块石墙护岸由于灌浆不实、面石过小过薄，常出现“船过墙面漏”“船撞墙身散”“浪冲墙后空”的问题，导致护岸结构失稳。所以在人们对护岸生态性的强烈需求下出现了较多的护岸结构形式。总的来说，生态护岸结构形式可以概括为全植被、植被结合弱结构和植被结合强结构生态护岸等三种形式[105-107]。

全植被护岸：摒弃一切人工材料，完全采用原生态材料，利用植物的根系力学效应，或者材料本身自身的重力摩擦力以及材料相互之间的咬合力来达到稳定岸坡的作用，这样完全的自然生态性材料护岸具有较强的生态性以及美观性，完全取于自然用于自然，对河流生态没有副作用。

植被结合弱结构护岸：植被结合弱结构护岸是采用部分人工材料和自然生态材料相结合的护岸，当一些河流水流较大只采用自然型护岸满足不了要求时，通常就需要借助人工材料，比如水泥砂浆、钢筋网等，这样的护岸利用人工材料更好地保护了自然材料，以实现护岸的生态性和自然性。

植被结合强结构：当水动力作用非常大，一般的自然材料已经无法抵御水流或波浪对岸坡冲刷时，对人工传统护岸结构进行生态改造是在保证护岸结构安全的同时实现了它们的生态性。

生态护岸设计是与自然生态相作用和相协调，将生态设计引入到航道护岸设计中，能保证航道建设在满足航运功能的基础上，最大限度地保护沿岸生态环境、保持生态平衡，营造自然、和谐的水岸环境，促进内河水运的可持续发展。生态护岸利用人工措施和自然措施相结合的方式，利用人工结构稳定性好以及植物的根系作用更好地发挥护岸的安全性和生态性。植物根系的生长能够增加土壤有机质的含量，改善土壤结构。根系又分为浅根和深根，浅根加筋、深根锚固，增加了土壤抗侵蚀的机械强度。植物的茎叶可以吸收、阻拦和分散水流，消浪，减弱岸坡冲刷。生态护岸近年来发展较快，很多新型结构的诞生为护岸的生态性和安全性提供了一定的保障，常用的结构形式如下：

(1)全植被(自然材料)生态护岸。

全植被生态护岸是采用自然生态材料构成的护岸结构，主要形式包括：

植物护岸,是利用植物根系的力学效应来防止水土流失,如活体枝条捆绑木桩等护岸形式来增加护岸的抗冲刷能力,以满足生态环境需求。

干砌石护岸,主要由单个石块砌筑而成,依靠自身的重力和石块接触面之间的摩擦力来维持稳定。可直接在山上开采石块,通过堆砌平整缝隙用石片塞实捣紧,使之结合成为一个整体。

原木格子护岸,一般使用粗原木、砌石及插柳条相结合的方法,采用柳条将粗原木捆扎装配成格子结构,格子里面填充块石增强岸坡抗冲刷能力。

(2)植被结合弱结构护岸。

植被结合弱结构护岸是采用部分人工材料和自然生态材料相结合的护岸,主要形式包括:

石笼护岸是在钢丝格网箱内填卵石来代替浆砌石和混凝土成为河流护岸的挡墙结构。该结构既可防止河岸遭水流、风浪侵袭,又保持了地下水与地表水间的自然对流交换功能。石笼结构强度较高,并且填充石料间空隙,使得其对地基变形适应能力较强,不会因地基局部不均匀沉降导致结构损坏。

半浆砌石护岸是采用直径较长的卵石,用混凝土加固卵石下半部分,上半部分悬空的护岸结构形式。该结构既能抵抗急流冲击,上半部分又不会阻隔水体交换。

生态袋护岸是利用土工格栅反包袋体后将土工格栅埋设于墙后回填土中压实形成整体,袋体与袋体之间用连接扣连接,生态袋内装植物易生长的土壤形成岸壁,在面壁上喷洒草籽。该结构具有较好的固土性质,而且等植物成活以后,岸坡上会形成一片一片的草本植物,抵御水流冲刷保护水土不被流失,具体有非常强的美观性。

(3)植被结合强结构。

植被结合强结构是对原有的人工型材料及结构进行生态改造形成的一种新型护岸,主要形式包括:

透水挡墙结构护岸:通过对传统的钢板桩挡墙护岸、预制混凝土沉箱、混凝土劈离块体等结构适当打孔来建设成透水型的护岸结构。这种刚性结构稳定程度高且有较好的生态效果。

生态有机材料护岸:一般采用生态混凝土(由多孔混凝土、保水材料、缓释肥料和表层土等有机材料组成)、高性能土壤固化剂等护岸材料,来提高结构的透水性、土壤的抗压抗渗性能。

框格砌块护岸:为了保护较大江河丰富自然环境的同时,提高沿岸防洪能力,框格砌块护岸提供了可能。框格砌块护岸采用透水性强的框格砌块,在其上覆土,种植灌木和草本等植物。覆土后,使护岸呈现自然的曲线形,为防止水边泥沙在植物未扎根前流失,用抛石、铺辊式植被和打木桩的方法进行加固。

内河斜坡式复合生态护岸介绍如下:

传统的护岸结构多采用钢筋混凝土、混凝土、浆砌块石和干砌块石等硬性材料,这些结构能够有效防止河岸受到水流的淘刷,但形成了“两面光”的河岸,阻断了水-土之间的物质能量交换，严重破坏了河流的生态完整性，不透水的材料或结构形式使得河岸带成为一个封闭的体系，严重影响了河流的水生生境。

生态化的航道建设是未来航道建设的必然趋势，因此需要研发新型的生态航道整治结构。为解决传统技术中存在的技术问题，设计一种内河斜坡式生态护岸结构，该结构既能满足护岸功能上的要求，又具有良好的生态效益。该结构包括从坡顶至坡底依次设置并连接的绿化部、鱼槽安装部、护坡部和护脚部，鱼槽安装部设置在施工水位处，包括鱼槽安装结构，鱼槽安装结构包括多个沿岸坡纵向成行侧卧的矩形鱼槽，如图4.4所示。矩形鱼槽的开口迎水设置，护坡部上设有间隔布置的多组合金钢丝笼，合金钢丝笼位于设计水位以上1.5~2.0m水位处，金钢丝笼的侧面或顶面上均设有鱼类进出口，在所述合金钢丝笼内填装有压载块石。

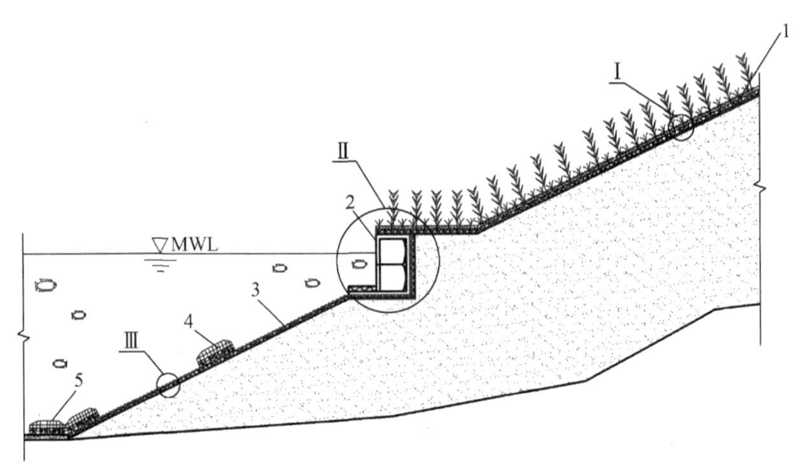

图4.4　新型内河斜坡式生态护岸

1-绿植；2-矩形鱼槽；3-合金钢丝笼；4、5-碎石或卵石层；Ⅰ-绿化部；Ⅱ-鱼槽安装部；Ⅲ-护坡部

鱼槽内固定有多个并列的圆管，圆管的后端垂直固定在矩形鱼槽的底部，圆管的前端与矩形鱼槽的前端平齐，矩形鱼槽的槽底上设有多个透水孔，矩形鱼槽的槽底后方设有反滤层。

绿化部从下至上依次设有椰丝卷层和雷诺护垫；鱼槽安装部采用两级台阶结构，包括与绿化部衔接的上级台阶面绿化结构、护坡部衔接的下级台阶面支撑结构和所述鱼槽安装结构，上级台阶面绿化结构包括从下至上依次设置的椰丝卷层和雷诺护垫，下级台阶面支撑结构包括从下至上依次设置的椰丝卷层和雷诺护垫，鱼槽安装结构包括自上级台阶前端面起从后向前依次设置的椰丝卷层、雷诺护垫、反滤层和所述矩形鱼槽，矩形鱼槽的下侧壁由雷诺护垫支撑；护坡部从下至上依次设有椰丝卷层和雷诺护垫；雷诺护垫中下部设有碎石或卵石层，上部设有生态垫；雷诺护垫内满填碎石或卵石。

矩形鱼槽的下侧壁设有前伸部，前伸部的前端与所述下级台阶面支撑结构的前端平齐。矩形鱼槽的上侧壁上设有覆土层，覆土层上设有椰丝卷层，椰丝卷层上设有雷诺护垫。圆管内抛放有鱼礁或块石。护脚部是由散抛的多个合金钢丝笼组形成的，每个合金钢丝笼组是由多个合金钢丝笼结构绑扎连接而成的,在所述合金钢丝笼的侧面和/或顶面上设有鱼类进出口,在每个所述合金钢丝笼内均填装有块石。相邻的两组所述合金钢丝笼之间的距离为25~30m。

该设计具有的优点和积极效果是:功能性,通过从坡顶到坡底连续布置椰丝卷层与雷诺护垫,能够有效防止岸坡土体受到水流的淘刷,同时,柔性的结构具有很强的渗透性,对水体与岸坡土体之间的物质能量交换影响较小。生态性,通过在绿化部上面及鱼槽安装部上方设置生态垫,施工一段时间后,生态垫内部土体开始生根发芽,可为河岸塑造良好的生态景观;在施工水位处,由多个圆管构成的小鱼槽,连同内部散抛的块石或鱼礁为水生物提供了一个多元化的栖息环境,鱼槽底部的透水孔,满足了结构横向的透水性需求。此外,矩形鱼槽下侧壁的前伸部,不仅能增强结构的稳定性,还能为水生物提供额外的栖息场所。在1~1.5m水位处与坡底处设置的合金钢丝笼,能够为不同栖息特性的水生物提供栖息环境。该结构获得发明专利授权(ZL201710741379.5)。

4.3.3　新型生态护滩结构形式研发

综合对比目前河流整治建筑物中的各种材料可知,在现有护滩工程中,常用于水下滩体防护的材料主要有块石、混凝土、土工织物组合材料。护滩结构主要形式包括抛石、现浇或预制块体、软体排、四面六边透水框架。这些材料和结构都具有较高抗冲性能,但在工程实践中,上述结构也暴露出各种问题,具体如下[108-109]:

①结构多为棱角分明、形状规则的块体,这些结构在高滩防护工程中,在获得较好工程效果的同时,可塑造良好的景观效应,但在低滩防护时,由于常年淹没于水下,在流速较大的环境中,结构容易遭到破坏。此外,同时结构的棱角或是尖锐部分会对鱼类等水生生物产生一定的伤害。

②现有岸滩守护结构多为护岸结构或者高滩守护结构,这部分护滩结构缺少与滩体之间或各结构之间的固定或连接装置,整体稳定性较差;针对低滩守护结构的研究与应用较少。

③除了框架结构,其他结构的防护形式多为覆盖式的防护,一定程度上限制了河流内鱼类与底栖生物的生存空间。

在本章中,除考虑结构的护滩性和生态性之外,还应考虑结构的生产工艺、生产成本与施工环境、施工工艺等诸多因素,因此在结构的设计中,新结构应能体现出以下特点:

(1)护滩性。

新型生态护滩结构需要具有较高的结构强度。新型生态护滩结构的材料应具备一定的强度,保证在洪水期能承受水流的冲刷而不致发生影响功能性的变形。

新型生态护滩结构需要具有良好的自身稳定性。护滩结构除丁坝外,往往是由多个单元体组合使用。因此,除具备较强的强度外,新型生态护滩结构还应该具备良好的自身稳定性。

新型生态护滩结构需要具有较强的地形变形适应能力。新型生态护滩结构的周围滩体必然发生沙床的变化，在变沙床条件下适应变形保持结构总体稳定是持久耐用的必然要求。

新型生态护滩结构需要具有良好的保滩固沙效果。

(2)生态性。

新型生态护滩结构需要具有透水性。为了确保河流与河漫滩的连通性，以及不破坏河漫滩底栖生物的栖息环境，应保证结构纵、横、垂三个方向上的透水性；结构物上尽可能留出生物通道。

新型生态护滩结构需要具有良好的栖息适宜性。护滩结构布置后，达到提高当地环境对鱼类等生物的适宜程度，或者不破坏原本良好的原生环境，保证结构施工后，具有良好的生态效益。为此，结构的设计，应考虑到施工河段水生物的种类以及栖息特性。施工后一段时间后，结构应能为各种水生生物创造适宜的栖息环境。

新型生态护滩结构需要具有良好的景观性。对于河流高滩的防护，除了以上两点要求，还应考虑结构所能创造的景观效果。在结构的设计过程中，应考虑工程实施以后，结构应能为各种水生植物提供生长环境，在防护滩体的同时，营造良好的河岸景观效应。

(3)经济性。

护滩工程从生产到施工，都需要花费大量的人力、物力、财力。因此，应遵循“成本最低、效果最优”的经济性原则，具体表现为：在保证结构功能性、生态性的前提下，简化结构形状与生产工艺；简化结构的施工工艺，避免较大的人、材、机各方面的需求。

新型生态护滩结构的尺寸主要通过考虑结构的护滩性与生态性两方面的需求来确定。护滩性主要体现在结构须具有一定的抗冲阻水面积，降低流速防止水流对滩体的冲刷破坏；而生态性则主要考虑为鱼类创造适宜的栖息空间，满足鱼类和底栖生物能够在孔洞中自由穿梭和繁殖的要求，同时创造适合水生物生存的环境条件。

生态护滩球及联合护滩体介绍如下：

在长江中下游航道整治工程中，目前常用的护滩结构主要为散抛块体、丁坝(顺坝)、软体排等，虽然这些结构形式已大量成功应用，并积累了较为丰富的施工经验，但从生态、绿色和环保的角度来看，上述结构形式多半采用的是半透水或无透水材料，阻断了河流岸边带的物质能量交换，破坏了环境原有的生态结构，随着经济社会的快速发展，人们对生态环境保护的重视程度越来越高，在航道工程建设中，生态、绿色、环保理念也越来越强。因此需要研究一种新型护滩结构，既能发挥工程效果，又能体现生态、环保价值，从而将长江建设成为我国的“绿色航道”。

为解决传统护滩技术中存在的技术问题，本书设计了一种防护滩体，同时不会对水生生境造成负面影响。具体包括中间球体及固定在其外侧的六根沿其径向设置的主杆件，六根主杆件两两共线，形成三维空间的三个维度，在中间球体的外表面上固定有两个对称设置的连接环。在相邻的每两根主杆件之间设有一根较短的副杆件。并采用一体成型的混凝土结构，所述中间球体的直径为40~60cm，主杆件的长度为所述中间球体直径的1.5~2倍，副杆件的长度为所述主杆件的0.5倍，主杆件和所述副杆件自由端均采用尖状结构。每四根所述主杆件和每四根所述副杆件位于同一个断面内，而中间球体采用中空结构，多个并列连接可形成新的护滩结构,如图4.5所示。

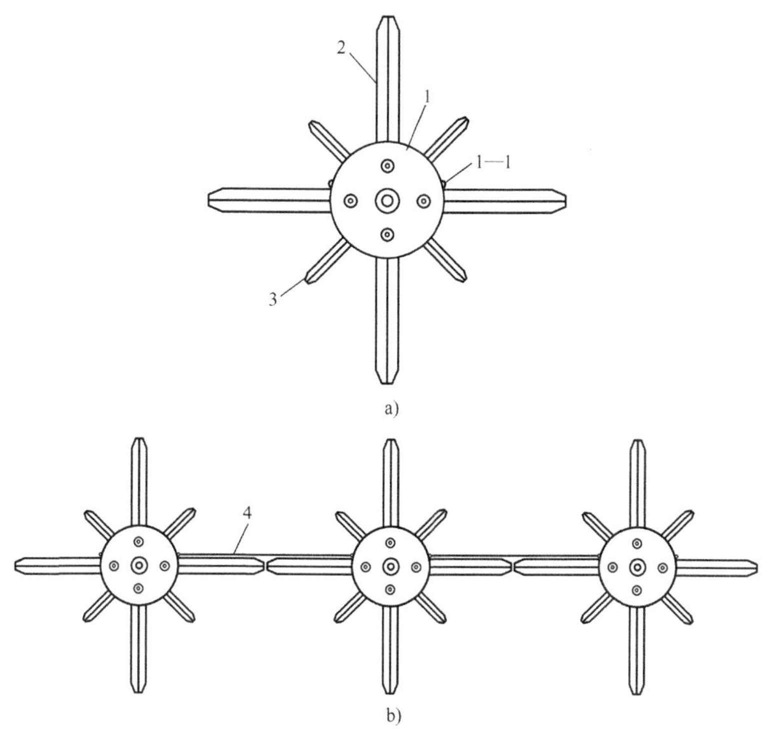

图4.5 生态护滩球与多生态护滩球联合护滩体

a)生态护滩球;b)多生态护滩球联合护滩体

1-中心球体;2-径向球体;3-副杆体;4-连接线;1—1-连接环

该种结构优点和积极效果是:通过采用在中间球体的三个维度上设置主杆件的结构,每三根主杆件形成一个三脚支撑结构,保证了护滩球的稳定性,同时,6根主杆件与12根副杆件大大削弱了流经结构水流的能量,具有良好的防冲促淤效果。其次,该结构制作简单,施工方便,能够大大节省工程投资。

多生态护滩球联合护滩体结构采用耐腐蚀的连接部件将一定数量的内河生态护滩球连接起来,然后将其布置在滩体上,可以整体满铺布置也可以成块间隔布置,由于该结构具有较强的地形适应能力,因此,布置方式按照施工区域的具体情况可不断进行调整,以达到最佳的防护效果。该结构获得实用新型专利授权,专利号ZL201721074510.9。

4.4 小 结

本章提出航道生态建设工程的基本理念、原则,以及生态航道分区布局设计理论及需要考虑的各类因素。其次分析和总结了国内航道升级施工原则。根据可实施性的系统分析,给出了航道生态新结构设计方法等创新理论,并研发了具有自主知识产权的新型生态坝体结构和生态坝群、生态护岸和生态护滩新型结构。

第5章 新型生态航道整治物模拟研究

5.1 概化模型

5.1.1 河道特性

黄河壶口至禹门口河段河谷深切，两岸多为陡峭岩壁，基岩裸露，具有峡谷河段的特性，水流急而险，水深一般在1.0m左右。河段顺直微弯，河床断面多为U形，河流弯曲系数约1.15。因两岸岩石对水流的强力约束，该段河道河宽相对较窄，壶口以下枯水期河宽在90~150m左右，洪水期约200~500m；石坪以下至门墩石段长11.5km，洪水期河面宽500m左右，枯水期河面宽200~500m；石门至门墩石段长4km，洪枯水河宽50~230m，石门至禹门口段长5km，洪水期河宽130~420m，枯水期河宽130~300m。本河段顺直微弯，滩险众多，河床断面多为U形，河流弯曲系数约1.15，枯水期平均比降为0.4‰，流速0.6~1.0m/s，其中石门峡谷段流速达3.87m/s。河床表面一般为细沙，下为砂卵石，底为基岩，覆盖层总厚可达80m，河道内边滩上下交错，局部河段有心滩，边滩高出设计水位可达数米。

研究河段自上而下共有15个滩险，按河床质可分为沙质滩、石质滩。按碍航情况又可分为浅滩、急流滩和险滩，一般急险并存。河段滩险的主要特点有：

(1)浅滩的长度差别较大，一般滩长500~1000m。研究河段内主要浅滩包括官地岭浅滩、马彭坪浅滩、舌头岭浅滩、南庄岭浅滩、师家滩、园子沟浅滩、后船窝浅滩及龙门滩均为沙质浅滩。洪水期河宽500m左右，枯水期河宽350m左右，河道内边滩上下交错，局部河段有河心滩，边滩发育不完整，滩顶低平，冲淤变化大，浅区散布。因河床质组成较细，不同水期滩槽变化频繁，航道不固定，浅滩一般枯水期水深仅0.3~0.6m。

(2)急流滩大多滩体高大、滩长一般300~1500m，枯水水深一般0.4~0.6m，多为枯水急流，水面比降一般为3‰~10‰，流速一般为3~5m/s。部分急流滩主要是因河槽的基岩形成，河槽中基岩石盘和崩岩块石交错，水流紊乱，浪大流急，如门墩石急险滩。除此以外，天然峡谷段由于河宽较窄,亦形成急流滩,著名的石门滩即属于该种类型滩险。石门滩断面呈U形,最窄处河宽仅为50m,最大流速为4.89m/s。

(3)险滩和急流滩并存,多由于石块散布于河槽内形成,和大型山区河流由于峡谷地形及河势形成的成因有别,因而只要清除航道内各种碍航石块,炸除部分岩嘴,碍航流态容易消除或减弱。

(4)滩群之间的深槽水深较浅,不像某些山区河流那样深槽较深,因而急流滩的水流比降调整比较有限。

综合河道特性以及滩险概况,本章选择后船窝浅滩段作为概化区段,在本河段深泓线年际变动频繁,平面摆动较为剧烈,需要修建丁坝,束窄断面约束水流(图5.1)。

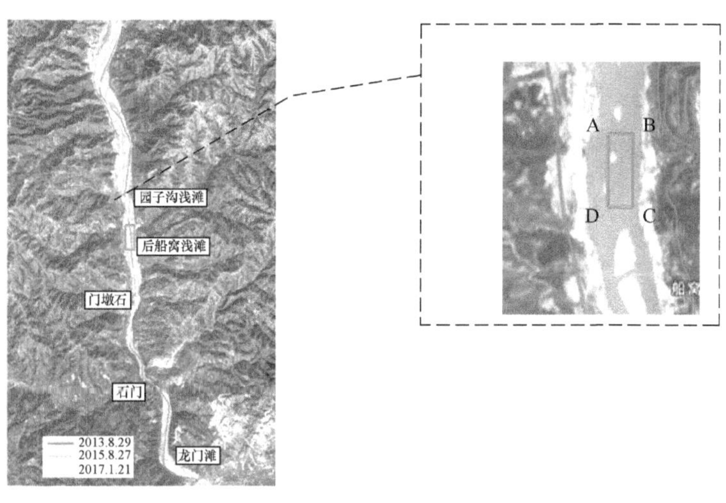

图5.1 概化区域

5.1.2 概化水槽模型

为把概化模型试验的研究成果应用到天然河道上,在满足相似原理的条件下使概化模型试验的流量、水位高程、水流速度与天然河道满足比尺关系。

因为过水断面的宽度影响水流流速,即过水断面宽度越窄,水流速度越大,因而单位体动能也变大,所以丁坝对断面缩窄的程度影响丁坝局部冲刷的结果。虽然建立全河段模型能够更完整、更精准地模拟丁坝周围的水流形态,但是建立整个河道的物理模型并能够准确反映丁坝局部水流流态和河床变形,需要模型的比尺会非常大,因此,依靠建立整个河道的物理模型进行新型坝体生态效果研究难度是非常大的。考虑到丁坝长度对束窄河床的作用,因为试验水槽宽度2m,而所依托的黄河中游山区河流的工程河段宽度稍宽,所以按照物理模型的收缩比μ(即丁坝使水面缩窄的程度)与原型的水面收缩比相等进行设计。丁坝长度应满足下式:

$$\left(\frac{L}{B}\right)_{\mathrm{P}} = \left(\frac{L}{B}\right)_{\mathrm{M}} = \mu \tag{5.1}$$

式中：L、B——丁坝长和河宽。

黄河陕西段河宽沿程变化在200~500m之间，丁坝长度普遍在60~200m之间。因此，收缩比μ大致在0.3~0.4之间，所以本试验物理模型的收缩比$\mu=0.35$。研究河段概化区域的宽度为60m，因此模型丁坝长度为70cm。

根据试验模型的宽度和供水系统的实际情况，以及河段平面的大小和生态丁坝的结构大小，并结合物理概化模型仅根据模拟部分工程长度，选用平面比尺$\lambda_l=30$。概化模型设计为正态，故水平比尺和垂直比尺为：

$$\lambda_l=\lambda_h=30 \tag{5.2}$$

根据相似性基本准则，定床模型需满足几何相似与水流运动等相似条件。试验选取塑料模型沙作为床沙，为了保证试验的效果，所选取的泥沙必须满足泥沙起动相似泥沙要达到运动相似，必须满足起动相似条件。其余各参数比尺见表5.1。

概化模型水槽试验各项参数比尺 表5.1

名　称	符　号	数　值
平面比尺	λ_l	30
垂直比尺	λ_h	30
流速比尺	λ_v	5.477
单宽流量比尺	λ_q	164.3
糙率比尺	λ_n	1.763
泥沙粒径比尺	λ_d	0.76
泥沙起动流速比尺	λ_{u_0}	5.52

由于实测资料有限，无法得到概化区域的边界水流条件，因此需要借助数学模型来确定边界，在该试验中，为了能够准确地反映概化区域天然水流条件下结构的特性，基于实测天然流量级，利用Mike 21水动力模块对概化区域进行模拟并进行验证，最后得出试验概化区的水流条件，通过试验比尺的换算得出水槽试验的边界条件。

对于平面大范围的自由表面流动、平面尺度远大于水深尺度、竖直方向流速小的浅水流动，可用静水压力取代动水压力，并沿水深方向进行积分来简化N-S方程，整合水平动量方程和连续方程，得到水动力模块HD的控制方程。

连续性方程：

$$\frac{\partial_u}{\partial_x}+\frac{\partial_v}{\partial_y}+\frac{\partial_w}{\partial_z}=S \tag{5.3}$$

x方向横向动量方程：

$$\frac{\partial_u}{\partial_t}+\frac{\partial_{a^2}}{\partial_x}+\frac{\partial_{vu}}{\partial_y}+\frac{\partial_{wu}}{\partial_z}=f-g\frac{\partial_\eta}{\partial_x}-\frac{1}{\rho_0}\frac{\partial_{p_a}}{\partial_x}-\frac{g}{\rho_0}\int_z^\eta\frac{\partial_\rho}{\partial_x}\mathrm{d}z-\frac{1}{\rho_0 h}\left(\frac{\partial_{s_{xx}}}{\partial_x}+\frac{\partial_{s_{xy}}}{\partial_y}\right)+F_u+\frac{\partial}{\partial_z}\left(\nu_t\frac{\partial_u}{\partial_z}\right)+u_sS \tag{5.4}$$

y 方向横向动量方程：

$$\frac{\partial_v}{\partial_t}+\frac{\partial_{v2}}{\partial_x}+\frac{\partial_{uv}}{\partial_y}+\frac{\partial_{wv}}{\partial_z}=-fu-g\frac{\partial_\eta}{\partial_y}-\frac{1}{\rho_0}\frac{\partial_{p_a}}{\partial_y}-\frac{g}{\rho_0}\int_z^\eta\frac{\partial_\rho}{\partial_y}\mathrm{d}z-\frac{1}{\rho_0 h}\left(\frac{\partial_{s_{yx}}}{\partial_x}+\frac{\partial_{s_{yy}}}{\partial_y}\right)+F_v+\frac{\partial}{\partial_z}\left(v_t\frac{\partial_v}{\partial_z}\right)+v_sS \tag{5.5}$$

式中：　t——时间；

u、v、w——x、y、z 方向上的速度分量；

g——重力加速度；

h——总水深；

η——表水面高度；

f——Coriolis 参数，$f=2\Omega\sin\Phi$；

S——点源引起的流量大小；

ρ——水的密度；

ρ_0——水的参考密度；

p_a——大气压强；

s_{xx}、s_{xy}、s_{yx}、s_{yy}——辐射应力张量；

u_s、v_s——点源周围水体的流速；

v_t——垂向涡流黏度。

在本模型计算中，上游边界位于师家岭给定流量，下游边界位于禹门口给定水位，根据历年水文资料，选取包括枯、中、洪在内共五级流量进行计算。

参考《内河通航标准》（GB 50139—2014），内河Ⅴ级航道应采用 10 年一遇重现期洪水。对出现高于设计最高通航水位历时很短的山区性河流，Ⅴ级航道可采用 3~5 年一遇的洪水位。根据龙门水文站资料 2001—2016 年日平均水位流量资料进行分析，3 年一遇重现期洪水流量为 2200m³/s。因此，设计最高通航流量为 2200m³/s，相应水位为 379.85m。设计最低通航流量按照《内河通航标准》（GB 50139—2014）规定：不受潮汐影响和潮汐影响不明显的河段，设计最低通航水位可采用综合历时曲线法确定，其多年历时保证率为 90%。根据龙门水文站实测日平均流量，运用综合历时曲线法进行计算设计最低通航流量，流量资料采用工程段内龙门水文站 2001—2016 年的日平均水位流量资料，统计得最低通航流量为 221m³/s，相应水位为 377.31m。

本河段对整治水位和整治流量的分析与推求，运用多年平均流量法、经验法、水力计算法综合分析确定。

①多年平均流量法：根据龙门水文站 2001—2016 年日平均流量统计资料，多年日平均流量为 595m³/s，对应龙门站水位 378.47m，在设计水位以上 1.16m。

②经验法：根据国内山区河流滩险整治的经验，整治水位一般高出设计水位 0.8~1.2m。

③水力计算方法:根据黄河壶口至禹门口河段航道整治工程水力计算法计算,整治水位采取设计水位以上 1.0m 时能达到较好的整治效果。

综合考虑上述几种方法,本河段整治流量取 $600m^3/s$,龙门站整治水位为设计水位以上 1.2m,即整治水位为 378.51m。由此得到各级流量与水位关系,见表 5.2。

各级流量与水位关系　　表 5.2

序　号	流量(m^3/s)	水位(m)
1	221(设计最低通航流量)	377.31
2	422(枯水流量)	378.12
3	600(整治流量)	378.51
4	988(中水流量)	379.05
5	2200(设计最高通航流量,洪水流量)	379.85

导入河道模拟段的边界数据文件,对边界线上散点进行重分布,并对进出口边界进行属性设置,得到模型边界图,如图 5.2 所示

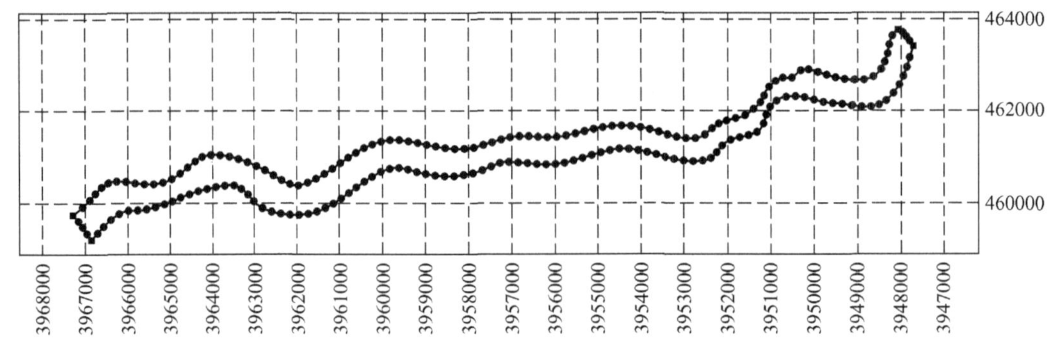

图 5.2　研究河段模型边界

根据设定的参数生成相应的网格文件,并对生成的网格进行平滑处理,得到的概化区域的网格分布如图 5.3 所示。

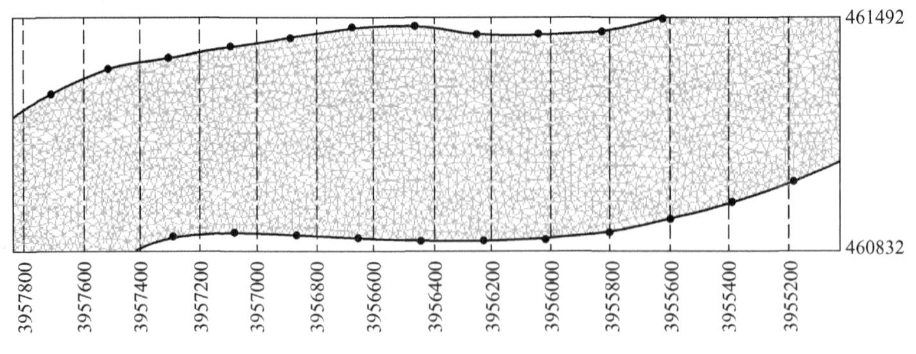

图 5.3　概化区域网格

选取2018年6月12日与2018年6月15日两个测次的水文资料，相应的流量分别为988m³/s、422m³/s。由于没有关于航道流速的实测资料，所以本章就仅针对水面线进行验证。如表5.3所示，在不同流量级下计算与实测水面线符合较好，误差均在±5cm内，定量精确度满足要求，可以用来研究该水道的水沙运动规律。

水面线验证　　表5.3

断面号	$Q=988m^3/s$			$Q=422m^3/s$		
	实测值	计算值	差值	实测值	计算值	差值
1	379.10	379.08	0.02	378.10	378.14	0.04
2	381.75	381.80	0.05	380.73	380.69	-0.04
3	383.68	383.65	0.03	382.65	382.64	0.01
4	386.95	386.99	0.05	385.90	385.91	0.01

在计算中，模拟河段采用上游给定流量Q，下游定水位h控制边界条件的方式进行模拟，将研究河段实测天然流量级作为边界条件依次进行计算，数值模拟边界条件见表5.4。

数值模拟边界条件　　表5.4

序号	进口流量(m^3/s)	出口水位(m)
1	221	377.31
2	422	378.12
3	600	378.51
4	988	379.05
5	2200	379.85

从模拟结果中可得出试验概化区域的平均流速，通过下式计算通过概化区域的流量。

$$Q = hwv \tag{5.6}$$

式中：Q——通过试验概化区的流量(m^3/s)；

h——不同工况下，概化区域平均水深(m)；

w——概化区域宽度(m)；

v——概化区域平均流速(m/s)。

通过计算，得出不同工况下对应的通过概化区域的流量，见表5.5。

概化试验研究区域实测流量　　表5.5

序号	流速(m/s)	水位(m)	水深(m)	流量(m^3/s)
1	0.43	379.30	1.20	30.96
2	0.77	379.89	1.79	82.83
3	0.90	380.55	2.45	132.80
4	1.07	381.90	3.80	243.06
5	1.48	383.62	5.52	489.80

根据水流运动相似条件，通过流速比尺与流量比尺换算得水槽试验边界条件，见表5.6。

水槽试验边界条件换算表　　表5.6

序　　号	流速(m/s)	水深(m)	流量(m^3/s)
1	0.079	0.04	0.0063
2	0.141	0.06	0.0168
3	0.164	0.08	0.0272
4	0.195	0.13	0.0493
5	0.270	0.18	0.0994

综合考虑本节的试验目的以及试验大厅的试验条件，选取第3、4、5组流量作为概化模型水槽试验边界水流条件，对应未淹没、轻度淹没、深度淹没三种水深，分别为8.3cm、12.5cm、18.4cm，见表5.7。

水槽试验边界条件　　表5.7

工　　况	来流流速(m/s)	来流水深(m)	流量计读数(m^3/s)
1	0.164	0.083	2.72×10^{-2}
2	0.195	0.125	4.93×10^{-2}
3	0.270	0.184	9.94×10^{-2}

5.1.3　概化水槽模型试验方案

本节主要目的是通过水槽试验研究新型生态丁坝结构在不同水流条件的流场和冲淤特性，分析丁坝结构对沿程水位、流速、紊动强度分布以及地形冲淤的影响；结合试验结果，分析结构的优缺点，并结合结构的适用条件，为该生态结构的应用提供依据。

5.1.3.1　试验水槽概况

模型试验在天津水利科学研究院河工模型试验大厅中进行。水槽长30m、宽2m、高1m、中部试验段长为6.4m，为了便于试验的观察与记录，试验段两侧侧壁设置钢化玻璃。图5.4为试验水槽示意图，试验采用顺水流方向为X方向(纵向)，以试验段上游起始点为零点。与纵向坐标轴在水平面内垂直的为Y方向(横向)，以水槽右岸侧壁为零点，向左岸岸壁侧为正。与坐标平面垂直的为Z方向(垂向)，以试验起始点的平床床面为零点。

图5.4中的L为水位计、W为平水格栅、M为移动支架、D为尾门、V为ADV流速仪。进口流量由西门子MAG6000电磁阀流量计控制，工作温度在$-2\sim50$℃之间，流量计显示屏上实时显示管道内流量。水槽沿程共布设了L_1、L_2、L_3三个水位计，L_1布置在平水格栅下游0.5m处，用于测量进口处水位，L_2、L_3分别布置在$X=0$m与$X=6.4$m处，用于测量试验段沿程水面比降。尾门D由钢索牵引的螺旋式翻转门控制。试验段布设有测架M，测架上设用固定支架，用于固定ADV流速仪。同时，在测架与固定支架上分别布置横向刻度尺与纵向刻度尺，以

确保在试验过程中,流速仪能够精确的移动。本节采用 Nortek 公司生产的 Vectrino 小威龙对三维流场进行测量,小威龙包括侧向及垂向两种探头形式,本节选用侧向探头形式。

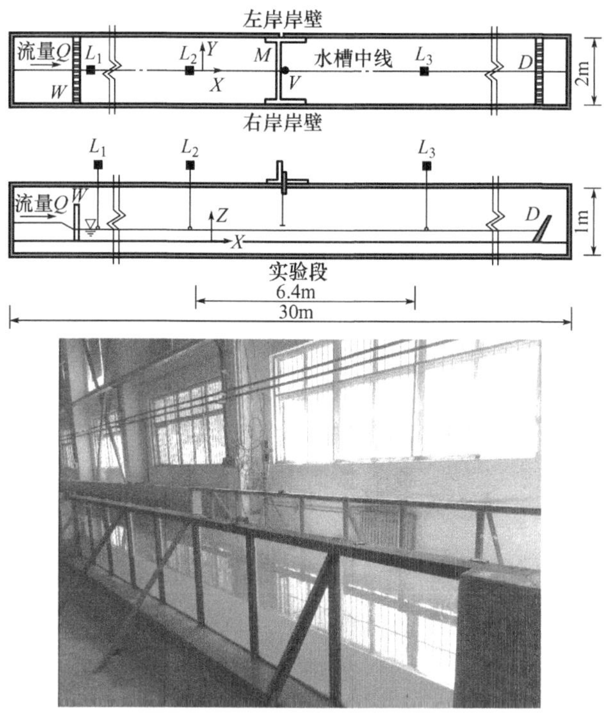

图 5.4　试验水槽示意图

5.1.3.2　局部过流生态丁坝概化

本节采用前文提到的局部过流型生态丁坝进行试验,但考虑到试验条件,对设计结构进行简化。该模型采用钢丝网编扎而成的网箱,其中装填有直径大于网孔石子,形成透水结构。网箱搭接构成坝体,坝体中部留有过水开口,通过调节坝体中部网箱的搭接高度从而控制开口深度,如图 5.5 所示,具体尺寸如图 5.6 所示。

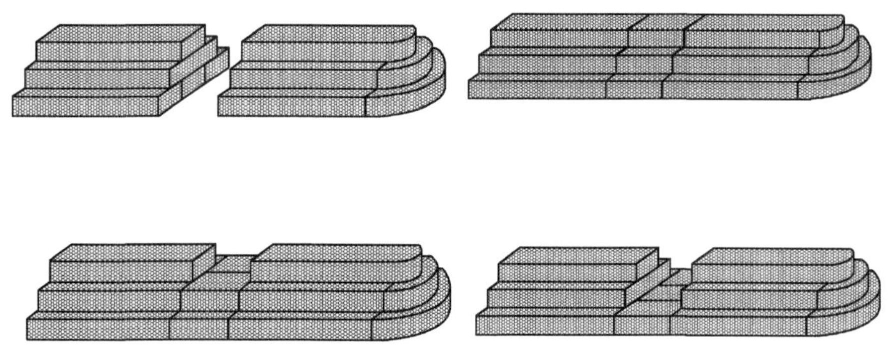

图 5.5　局部过流型生态丁坝立体图

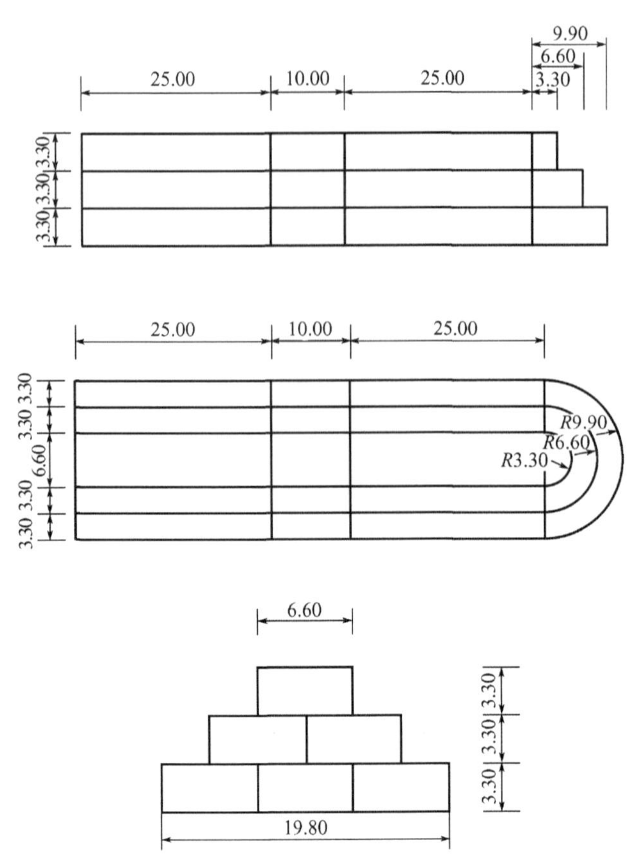

图 5.6　模型尺寸(尺寸单位:cm)

5.1.3.3　试验工况

概化模型水槽试验将对上述不同流量级条件下的水位和流场分布进行测量分析,并改变两种结构的结构参数进行对比分析,得出坝体结构参数调整对河段水位、流场和紊动强度分布的影响。

(1)流量:采用上文计算得到的水流条件进行试验,对应到水槽中相应的流量和水深分别为:①$Q=98\text{m}^3/\text{h}$、$h=8.3\text{cm}$;②$Q=177.5\text{m}^3/\text{h}$、$h=12.5\text{cm}$;③$Q=357.7\text{m}^3/\text{h}$、$h=18.4\text{cm}$。

(2)结构参数:坝身不开口、开口坝体高度的1/3、开口坝体高度的2/3、全开。

根据前面所列参数组合的变化,进行试验设计,概化模型试验工况见表5.8。

试验工况表　　　表5.8

工　况	流量(m^3/h)	开口深度(cm)
1	98	0
2	98	3.33

续上表

工　况	流量(m^3/h)	开口深度(cm)
3	98	6.67
4	98	10
5	177.5	0
6	177.5	3.33
7	177.5	6.67
8	177.5	10
9	357.7	0
10	357.7	3.33
11	357.7	6.67
12	357.7	10

5.1.3.4　试验观测内容

(1)观测各种工况下的流速分布,选取 16 个断面(图 5.7),每个断面上选取 6 个测点,采用三点法(0.2h、0.6h 和 0.8h)测定各点的三维流速。

(2)观测各种情况下的水面线,选取 2 号、3 号、4 号、5 号、7 号、8 号、9 号、10 号、12 号、13 号、14 号、15 号共 12 个断面,每个断面设置 7 个测点,观测其水面高程。

(3)观测各工况下水面线分布、流速分布。

(4)观测各工况下坝前壅水和回流区的变化。

(5)观测各工况下坝后涡流运动情况和水流紊动强度。

(6)观测各工况下坝体附近冲淤地形变化。

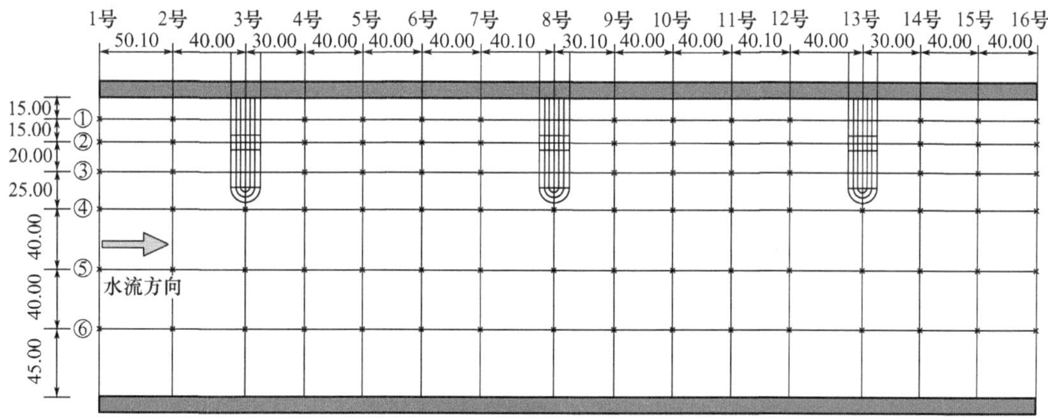

图 5.7　测量断面布置图(尺寸单位:cm)

5.2 水沙特性试验

5.2.1 水位分布规律

图 5.8 给出了在非淹没水深(h=8.3cm)和淹没水深(h=12.5cm)条件下不同开口深度工况下的 1 号和 5 号纵断面的水面线对比图。图中虚线即为丁坝所在位置。

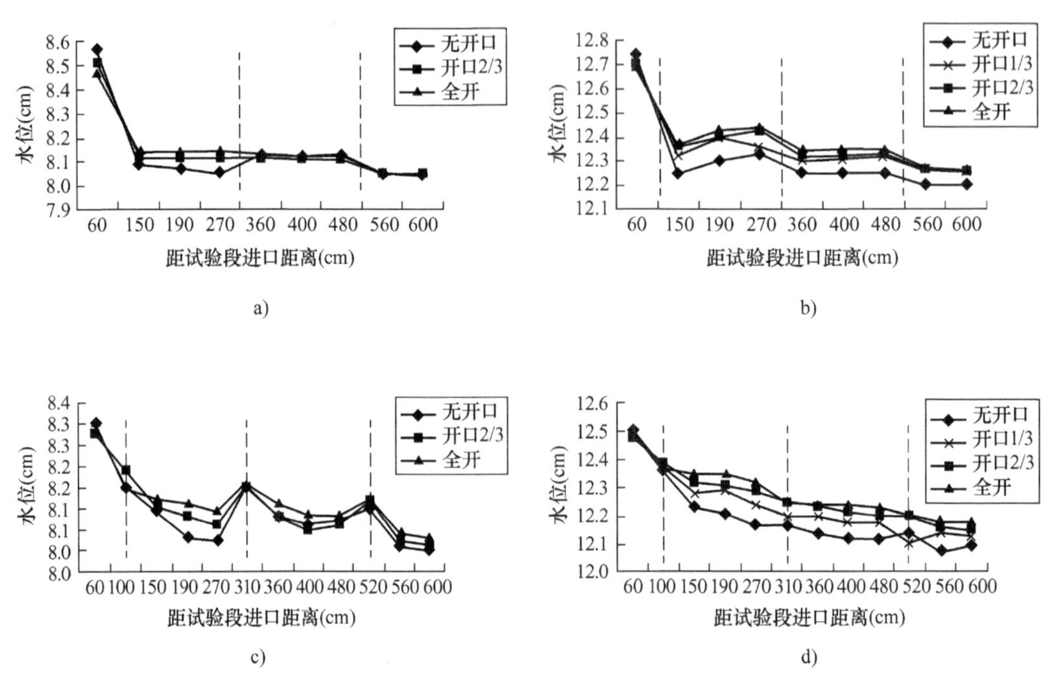

图 5.8 纵断面水面线

a)1 号(h=8.3cm);b)1 号(h=12.5cm);c)5 号(h=8.3cm);d)5 号(h=12.5cm)

由图 5.8 的对比可发现,在近左岸区即 1#纵断面,在丁坝上游发生壅水,且壅水高度随丁坝开口深度的增加而减小,而在丁坝坝后区域,水位有较大降低,坝后水位高度随丁坝开口深度的增加而增加。丁坝的开口缩小了丁坝前后水位高度差。由于坝身局部开口,导致丁坝上游水流有部分从丁坝开口通过流向坝后,使得丁坝上下游水位高差缩小,且该现象随水深的增加更为明显。另外,丁坝是否处于淹没状态,其坝后水位分布有很大不同,在非淹没水深条件下,坝后水位趋于均一,而在淹没水深条件下,坝后水位逐渐回升至 2 号丁坝前发生二次壅水。

而在近右岸区即 5#纵断面,丁坝是否处于淹没状态,其坝后水位分布差异更为明显,在淹没水深条件下,水位沿上游至下游递减;而在非淹没水深条件下,水位在 2 号和 3 号坝轴线位置逆坡回升,然后下降。同样地,丁坝的开口状况也影响到近右岸区水位分布。水位随丁坝开口深度的增加而增大,且该现象随水深的增加更为明显。

图 5.9 给出了在非淹没水深(h=8.3cm)和淹没水深(h=12.5cm)条件下不同开口深度工况下的 2 号、5 号和 14 号横断面的水面横比降对比关系图。

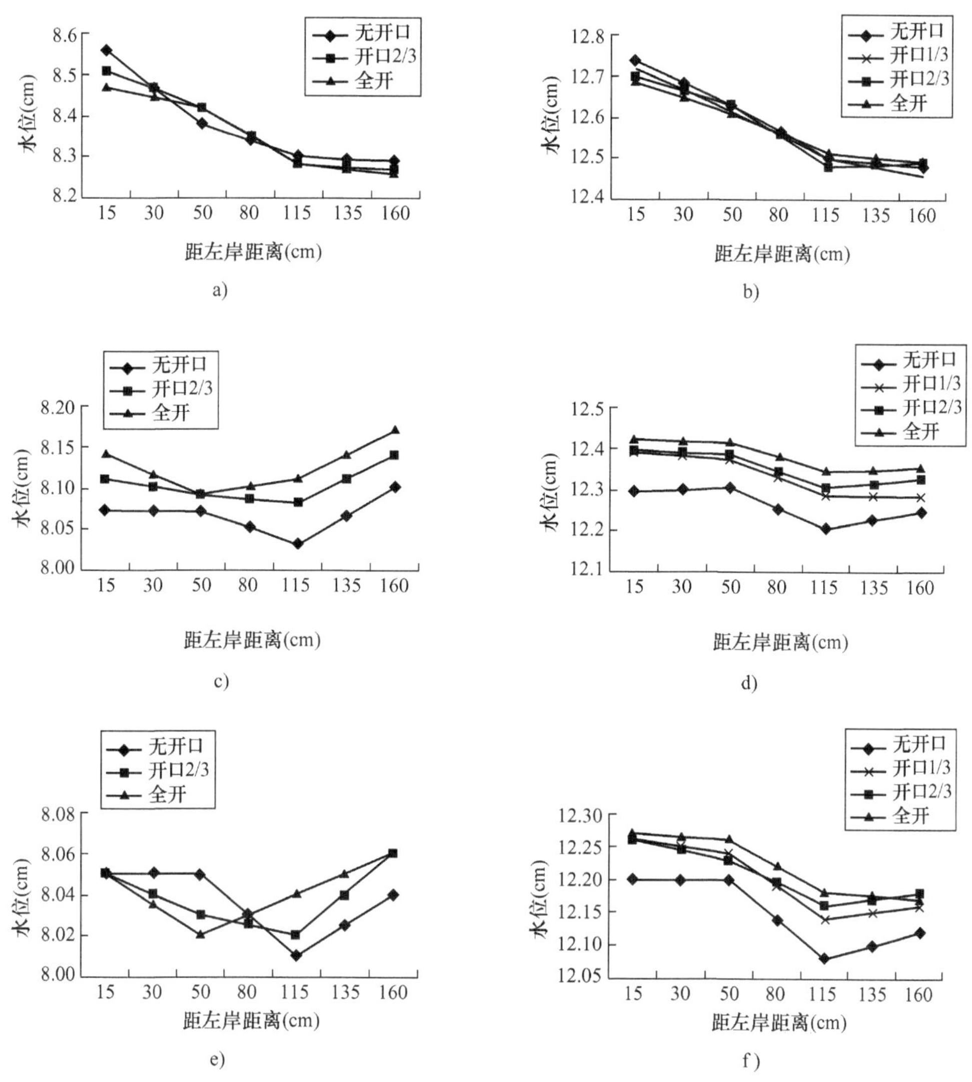

图 5.9　横断面水面线

a) 1 号(h=8.3cm); b) 1 号(h=12.5cm); c) 5 号(h=8.3cm); d) 5 号(h=12.5cm); e) 14 号(h=8.3cm); f) 14 号(h=12.5cm)

通过对比发现，在丁坝上游，近左岸区发生壅水，整个断面从左岸至右岸，水位逐渐减小。随开口深度的增加，壅水高度减小，左右岸高差减小。在坝后，发生跌水，在不同水深条件下，水位分布有所不同，在非淹没水深条件下，坝后区域水位低于主航道水深，而在淹没水深条件下，坝后区域水位高于主航道水深。水位随丁坝开口深度的增加而增加。在试验段下游，坝田区域水深与航道水深之间高度差逐渐减，水位趋于均一。

5.2.2 流速分布规律

图 5.10 给出了三种不同水深条件和不同开口深度情况下的 5 号横断面的垂线平均流速对比关系图，三种水深分别为非淹没水深（h = 8.3cm）、轻度淹没水深（h = 12.5cm）、重度淹没水深（h = 18.4cm），其对应的流量分别为 98m^3/h、177.5m^3/h 和 357.7m^3/h，不同开深度工况包括无开口、开口 1/3 深度、开口 2/3 深度和全开深度。

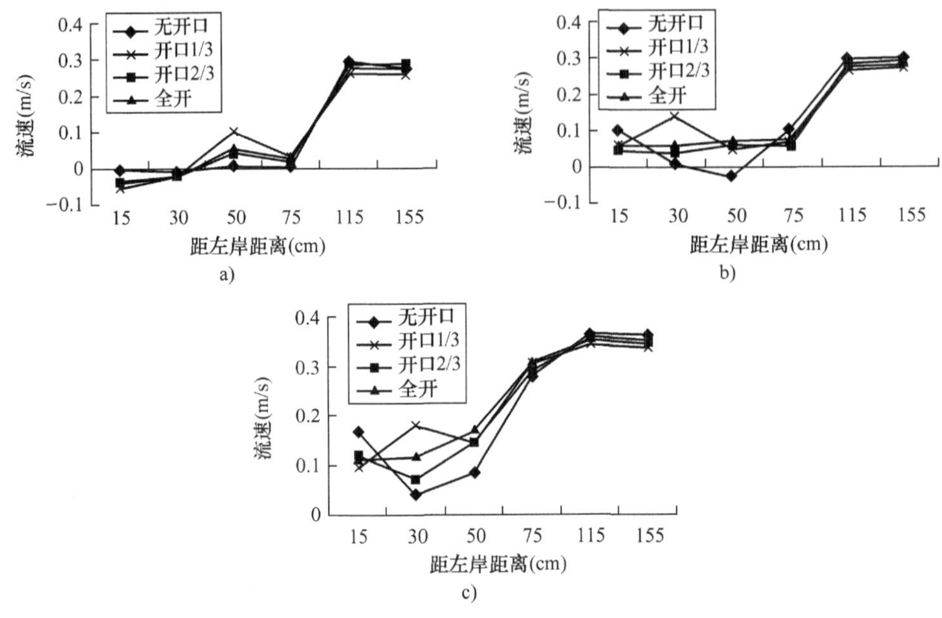

图 5.10 横断面流速

a）5 号（h = 8.3cm）；b）5 号（h = 12.5cm）；c）5 号（h = 18.4cm）

5 号断面位于 1 号丁坝和 2 号丁坝之间，在非淹没水深条件下，无开口时该断面坝后流速趋近于 0，且较为平均，当丁坝开口后，流速趋于多元，在靠近左岸位置出现回流，之后沿右岸流速逐渐增大，在距左岸 50cm 处到达第一个峰值，该值随着开口深度的增加而增加。当处于淹没水深时，丁坝开口深度的不同对于该断面流场分布有着明显的影响。开口深度越大，坝后流速越大，主航道流速有所减小，但减小幅度很小。当达到重度淹没水深时，该断面在距左岸 75cm 处，即坝头下游 30cm 处，流速较其他水深条件时有所增大，该处流速已接近主航道流速。

5.2.3 丁坝附近水流流态及冲淤规律

局部过流丁坝群的流场分布图如图 5.11 所示，对比可发现在 Q = 98m^3/h，h = 8.3cm 边界水流条件下，丁坝处于非淹没状态，丁坝对水流的束窄作用较强，水流在丁坝的挑流作用下，流向航道，导致航道流速增大。被压缩的水流绕过丁坝后，产生水流边界层的分离现象和涡旋，在坝后形成回流区域,尤其在 1 号丁坝后最为明显,对比不同开口深度下的流场分布图可以发现,随着丁坝开口深度的增大,坝后回流区流速增大,坝后水流逐渐偏向下游移动。

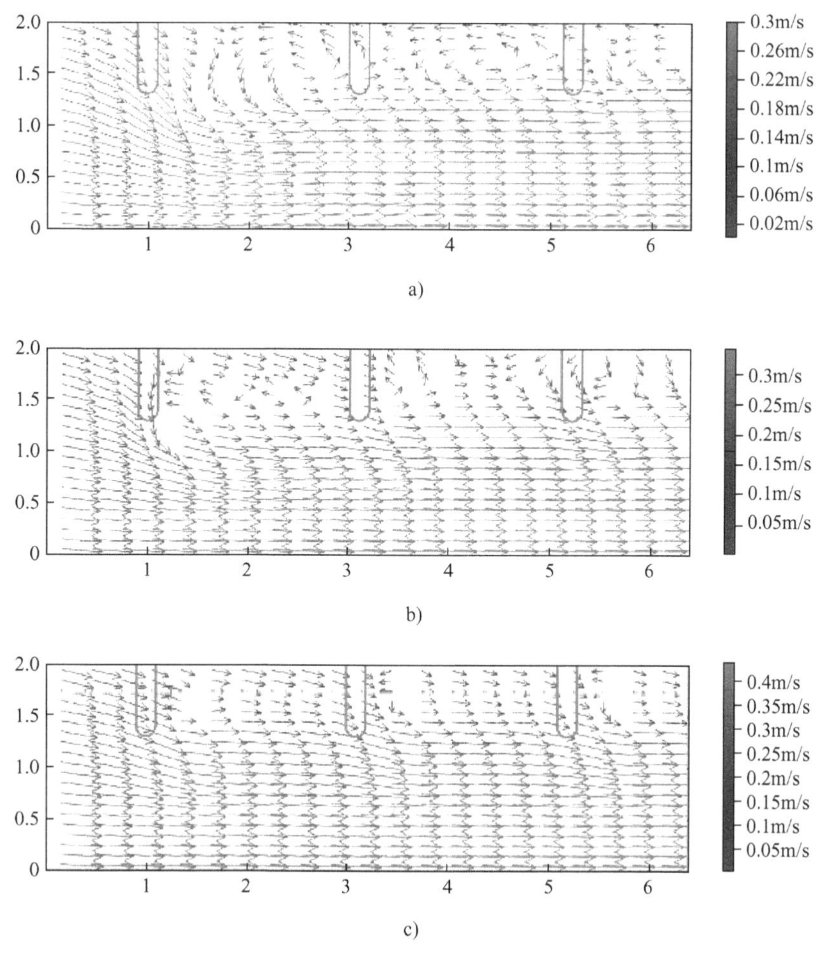

图 5.11 不同淹没水深丁坝群流场分布

a)5 号(h=8.3cm;b)5 号(h=12.5cm);c)5 号(h=18.4cm)

在 Q=177.5m^3/h,h=12.5cm 水流边界条件下,丁坝处于轻度淹没状态,丁坝对水流的束窄作用有所减弱,坝后存在小范围的回流,随着丁坝坝身开口深度的增加,发现在开口位置处流速增加,而在开口位置两侧形成局部回流,有利于形成冲槽与沙脊相间的地形冲淤格局。坝后流速指向下游,有利于航道的冲刷。

在 Q=357.5m^3/h,h=18.4cm 水流边界条件下,丁坝处于深度淹没状态,在此深度条件下,坝后流速趋于平均,只有在坝根位置出存在小范围涡流,开口深度的改变对与坝后流态的影响减弱。

图 5.12 给出了 4 号和 9 号断面地形冲淤高程图,在不同开口深度情况下的冲淤情况,水

深为非淹没水深(h=8.3cm)。4号断面位于1号丁坝下游30cm处,从图中可以看出,在丁坝坝头有明显冲坑,而且冲坑深度随着开口深度的增加而减小,而在坝后,当坝身未开口时,该段是处于淤积状态,而当坝身开口时,坝后区域形成一条冲沟,且冲沟范围随着开口深度的增加而增大。

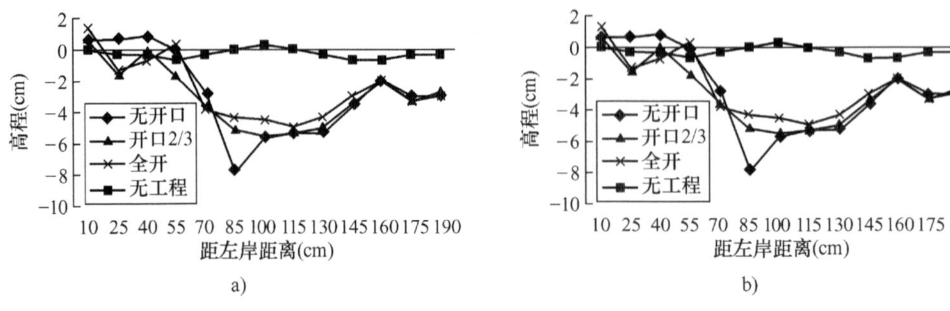

图5.12 断面地形冲淤高程图

a)4号(h=8.3cm);b)9号(h=8.3cm)

在9号断面,即2号坝后区域也发生了淤积情况,但冲槽已经不那么明显,随着开口深度的增加,淤积高度更高。14号位于3号丁坝后,此处丁坝同样发生淤积,开口深度对坝后淤积程度影响较小,而对航道冲刷影响较大,随着开口深度的增加,冲刷深度减小。

为了更直观地展示出丁坝附近冲淤特性,以及不同工况对丁坝附近地形冲淤影响,绘制地形等值线图,探究不同工况下的丁坝冲淤特性。图5.13给出了淹没水深($Q=98\text{m}^3/\text{s}$,h=8.3cm)条件下无开口条件下的地形等值线图。在该流量水深条件下,丁坝处于未淹没状态。从图中可以看出,在坝头位置处发生冲刷,在坝田位置处形成淤积,在首丁坝处冲刷深度和范围最大。随着开口深度增加,坝后淤积加深,另外在坝头位置处最大冲刷深度有所减小,且冲刷范围也有所减小,同时主航道冲刷深度也有所减小。

受丁坝的阻水作用影响,在坝前出现壅水,过坝后水位明显降低,之后又有所回升,且壅水高度随丁坝开口深度的增加而减小,坝后水位高度随丁坝开口深度的增加而增加。丁坝的开口缩小了坝体前后和左右岸水位高度差,水位高度差随开口深度的增加而减小。另外,坝身开口对丁坝周围流态分布影响明显,由于局部过流,导致坝后流速增大,并且流速梯度也增大,坝后流速与丁坝开口深度呈正相关。通过对比紊动强度数据发现,在1号丁坝附近紊动强度要大于2号和3号丁坝,而丁坝开口深度对其附近流态和紊动强度的影响更为明显,而对于2号和3号丁坝,丁坝开口与否对于断面紊动强度分布趋势无较大影响,丁坝开口深度的不同只会影响其相对值的大小。另外,水深的淹没程度,也对丁坝附近流态产生了明显的影响。当水深较小时,在三个丁坝坝头的下游都存在一个强紊动区,随着水深的增加,强紊动区向左岸移动,并且开口深度越大,该强紊动区范围也越大。在坝身位置,开口深刻影响着坝田区域地形的冲淤情况,当在坝身开口时,在坝后形成一条冲槽,且随着开口深度的增加,冲槽深度增加。冲刷的泥沙向后推移，淤积在坝田中间位置处，形成浅滩。于是在坝后形成深槽与浅滩相间的冲淤地形，与此同时在坝头位置，随着开口深度的增加，坝头冲坑深度减小。而在航道位置，随着开口深度的增加，其冲刷深度有所减小，但减小的幅度很小，并不会影响通航的要求。另外，研究发现，水深条件的改变只对冲淤幅度有所影响，而对该结构作用下的地形冲淤分布无太大影响。

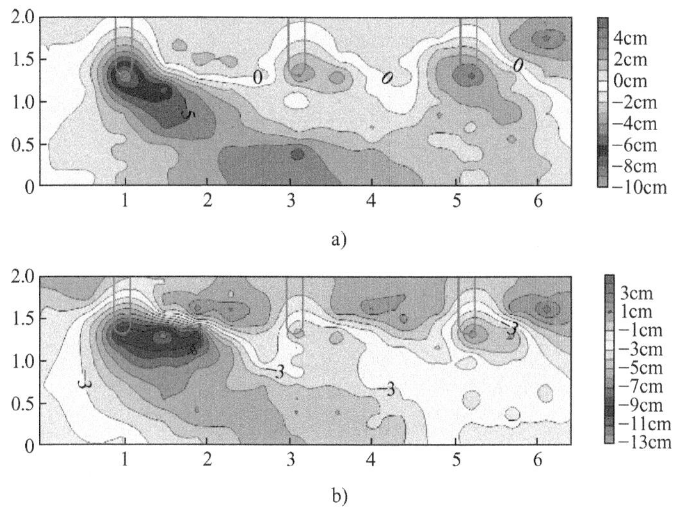

图5.13　地形冲淤变化图

a) $Q=98\mathrm{m}^3/\mathrm{h}$, $h=8.3\mathrm{cm}$；b) $Q=177.5\mathrm{m}^3/\mathrm{h}$, $h=12.5\mathrm{cm}$

5.3　水流与冲淤地形数值模拟

5.3.1　数值求解过程

模型可以灵活控制水动力模型和泥沙模型的耦合模式，在每一个时间步内分别计算流场、物质输运和地形冲淤变形，或是在计算流场、物质输运若干个时间步之后再进行地形冲淤变化的计算，均可以通过修改相应的步长因子加以灵活控制。

模型的求解步骤如下：

(1)由水动力模型得到的流场数据外加紊流涡黏系数，通过求解盐度输运方程和悬移质泥沙输运方程，求得相应时刻的物质(盐度/泥沙)浓度场。

(2)将盐度场数据代入状态方程得到相应的密度场分布。

(3)结合流场数据和悬移质浓度场结果，求解获得单位水体的悬移质输沙率 q_s 和推移质输沙率 q_b。

(4)将输沙率结果代入地形演化方程式，得到该时刻的地形冲淤变化量 Δz。

(5)依据地形改变量调整整个计算域地形，继续进入下一时间步的水动力过程计算。

5.3.2 140°数值模拟验证

选取 Struiksma(1985)在 Delft 水力实验室(DHL)进行的冲积弯道的模型试验进行模拟验证。模型试验是在恒定入流,堤岸不参与冲刷,并且泥沙输移以推移质输沙为主,河床冲淤最终达到平衡状态为止的情况下进行。Struiksma 水槽模型试验布置如图 5.14 所示,同样为了稳定入口流动形态并降低入口与出口边界条件对流动的影响,弯段上游和下游直段分别延长至 15m。

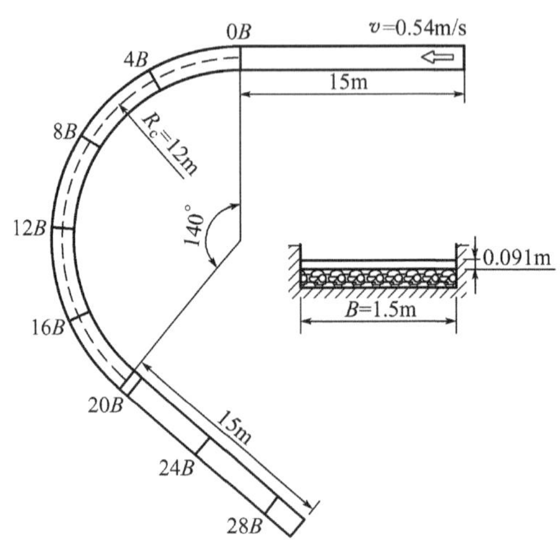

图 5.14　140°弯曲水槽试验平面及横断面布置图

B-试验水槽横截面底宽;R_c-圆弧形冲击弯道半径

模型采用结构化网格,共划分 1840 个单元和 1953 个节点,垂向共分为 20 层,河床底摩擦高度 z_0 取为 0.98mm,流动状态作为模拟的初始和边界条件,在渠道入口位置指定恒定流量,出口位置指定常数水位,模拟计算步长取为 0.03s,直至 300min 后地形冲淤达到平衡为止。模型同样采用 Van Rijn 推移质输沙模型进行模拟。

图 5.15 显示弯曲水槽平衡冲淤状态下相对水深分布等值线,采用试验入口水深进行无量纲化处理,外岸冲刷水深较深;内岸淤积水深较浅,从外岸到内岸水深分布较为均匀,在下游出口直段下半段,外岸冲刷内岸淤积态势发生扭转,表现为内岸水深略大于外岸水深。

图 5.16 显示弯曲水槽冲淤平衡状态下的相对流速分布,采用试验入口流速进行无量纲化处理。在水槽上游入口直段,内外岸流速分布均匀,在接近弯段入口处受弯曲效应的影响,内岸流速偏大,且随着水流的推进,最大流速自内岸向外岸不断迁移,直至弯段出口位置前后,外岸流速达到最大,自外岸向内岸,流速等值线分布同样较为均匀。

图 5.17 显示弯曲水槽冲淤平衡状态下的无量纲河床切应力分布。图中最大河床切应力位于过弯顶至弯段出口段靠近外岸一侧,分布情况与相对流速相类似。在上游入口直段,内外岸切应力差别并不明显,分布较为均匀。进入弯段之后,外岸一侧尤其是靠近外岸岸壁附近的

切应力增加明显，而内岸一侧切应力则相应减小，沿渠道纵向从外岸到内岸呈均匀减小之势，受渠道弯曲效应的影响，在下游出口直段上半段，依然维持此种分布，但在下半段，内外岸切应力分布又趋向于均匀分布，内外岸差异逐步缩小。

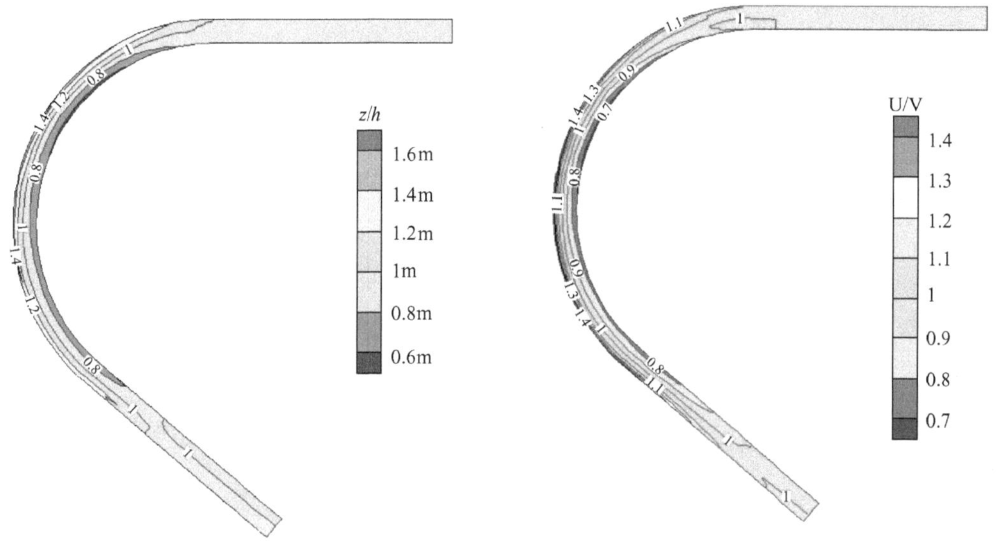

图 5.15　140°弯曲水槽冲淤平衡相对水深分布

图 5.16　140°弯曲水槽冲淤平衡相对流速分布

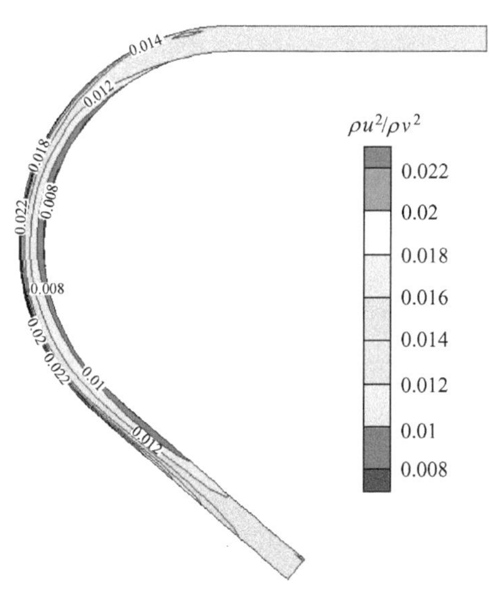

图 5.17　140°弯曲水槽冲淤平衡无量纲河床切应力

图 5.18 显示恒定状态下 140°明渠弯道纵向地形冲淤幅度试验测量与模拟结果的对比，图 5.18 中同时也添加了 Zeng(SA 线性涡黏模型)的模拟结果[110]加以比较。图中横纵轴均进行了无量纲化处理，横轴表示渠段轴线沿程距离与宽度之比，纵轴表示地形冲淤幅度相对水深

的变化，大于 0 表示河床发生淤积，而小于 0 表示河床受到冲刷。在弯曲渠道中受二次流和主流的共同作用，底床泥沙从外岸向内岸输移，表现为外岸沙粒流失而发生冲刷，内岸沙粒累积而发生淤积，在 140°弯曲水槽下游出口直段，表现为内岸冲刷而外岸淤积的相反过程，模型模拟到了这种转变。总体来看，模拟结果与试验结果拟合良好。

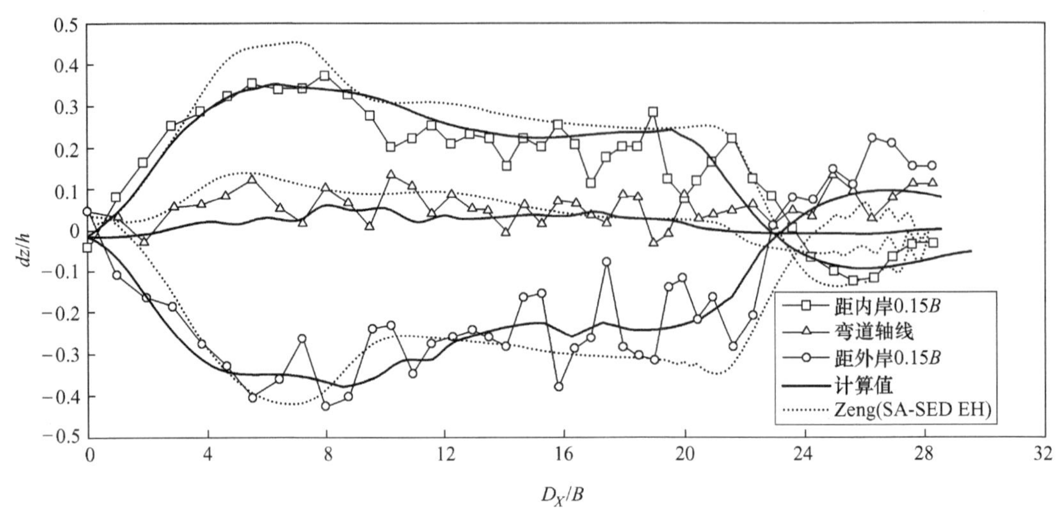

图 5.18 140°弯曲水槽纵向剖面相对冲淤厚度试验与模拟结果对比，剖面位置距内外岸分别为 0.225m(0.15B)

注：x 轴为纵轴方向相对坐标(采用试验水槽横截面底宽 B 进行无纲量处理，并以圆弧形冲击弯道入口为起算点)；

y 轴为纵向剖面相对冲淤厚度(采用水深 h 进行无量纲处理)。

试验最大淤积和最大冲深位置对称分布在 6B～8B 段，不论是冲淤位置还是冲淤厚度，模型对其都有较为准确的模拟，尤其对于内岸侧，对淤积厚度的模拟明显优于 Zeng 的结果。在弯段入口附近 0B～6B 段和弯段后半段 8B～20B 段，尽管试验地形起伏震荡剧烈，模型对淤积量或冲刷量的变化幅度和变化过程均有较为准确的模拟。在弯段出口和下游直段的结合处 20B～23B 段，模拟结果与试验测量存在偏差。在下游出口直段 23B～24B 段，受弯道弯曲效应减弱的影响，外冲内淤态势发生扭转，表现为外岸淤积而内岸冲刷，模型对这一转变发生的位置也有较为准确的模拟。在下游出口直段 24B～30B 段，外岸侧到渠道轴线均发生一定量的淤积，但模拟的淤积量与测量值相比，淤积厚度仍显不够。

图 5.19 显示恒定状态下 140°明渠弯道横向地形冲淤幅度试验测量与模拟结果的对比，其中，$-0.75 \leqslant \eta \leqslant 0.75$，指向内岸为正，横轴表示相对宽度，纵轴表示地形冲淤幅度相对水深的变化。按照试验测量间隔，图 5.19 显示渠道沿程各断面地形冲淤幅度变化。

在弯段入口 0B 断面[图 5.19a)]，断面地形未发生明显冲淤变化。进入弯段之后，受弯道二次流效应的影响，外岸冲刷而内岸淤积，出现横向底坡，直至出口直段 24B[图 5.19l)]断面前后，外冲内淤态势发生扭转，表现为外岸淤积而内岸冲刷。其中，在 5.53B 断面[图 5.19c)]前后横向底坡达到最大，在 10.22B 断面[图 5.19f)]，试验测量显示地形最大淤积位置并不在内岸岸壁处,但两种模拟结果均没有模拟出这种变化。其余弯段内断面,试验测量与模拟结果基本吻合良好,与 Zeng 的模拟结果对比差别不大,各有优劣。在弯段与下游直段结合处断面 21.5B[图 5.19k)],虽然与实测的外岸冲刷而内岸淤积发生方向一致,但冲刷与淤积量均比实测值偏小,而又以外岸更甚。

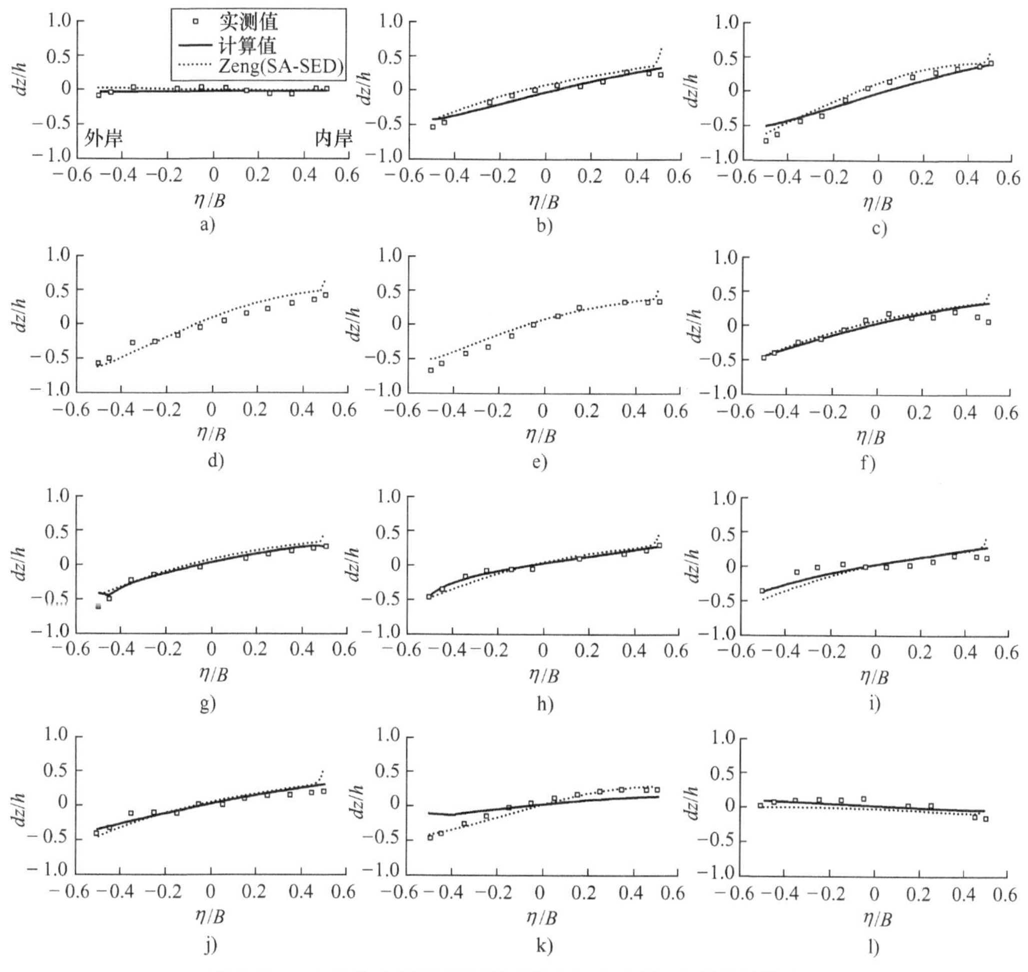

图 5.19　140°弯曲水槽相对冲淤厚度试验(空心圆)与模拟结果对比

a) $D_X/B=0.00$;b) $D_X/B=3.76$;c) $D_X/B=5.53$;d) $D_X/B=7.20$;e) $D_X/B=8.76$;f) $D_X/B=10.22$;g) $D_X/B=12.86$;h) $D_X/B=15.23$;i) $D_X/B=17.40$;j) $D_X/B=19.44$;k) $D_X/B=21.50$;l) $D_X/B=24.04$

5.3.3　生态型过流丁坝水流与冲淤地形数值模拟

本节在第 5.1 节“概化模型”的基础上进一步深入研究丁坝结构参数调整(①坝身开口与否;②开口宽度;③开口深度)对水流、冲淤分布、典型断面水面线、横比降以及流速的影响。从而掌握丁坝主要设计参数的水力学特征。

图 5.20、图 5.21 分别是丁坝不同布置情况下的流场和流线分布。从模拟结果可以看出:不论坝身是否开口,丁坝布置均产生束水作用,在坝田区产生不同程度范围的回流区。其中,

坝身开口情况下在开口位置形成过流，坝田区回流范围相对较小，位于靠岸一侧。通过开口位置的水流一部分从下一级丁坝坝身开口位置通过，一部分绕流至坝头通过，第1条和第2条丁坝之间的坝田区回流范围最大，其后越往下游越小。坝身开口之后，在坝田区形成过流，增加了坝田区的水流活性，丰富了坝田区流动形态。

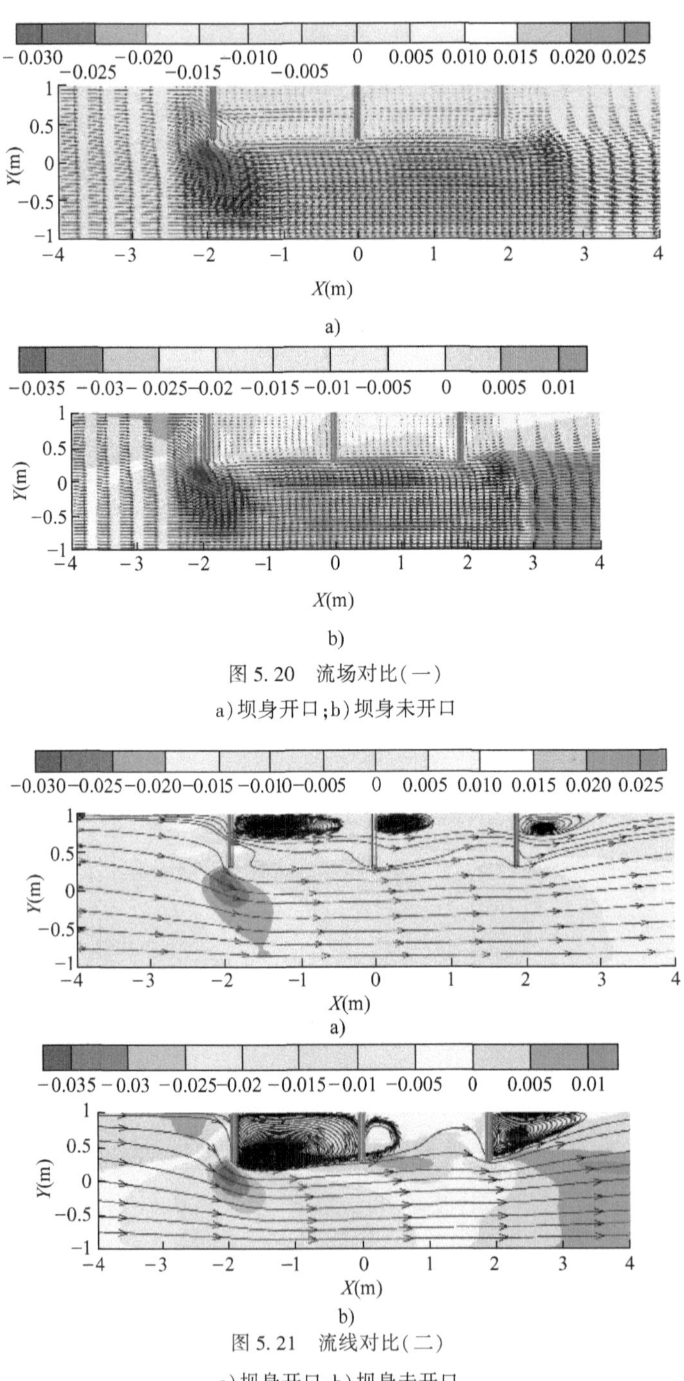

图5.20 流场对比(一)

a)坝身开口；b)坝身未开口

图5.21 流线对比(二)

a)坝身开口；b)坝身未开口

图5.22显示坝身开口和未开口情况下的地形冲淤分布。坝身开口后,在第1条丁坝开口位置有局部冲坑,坝田区地形冲淤等值线相连,整个坝田区有少量淤积。而坝身未开口的情况下,坝田区地形等值线不相连,在第2条丁坝坝头位置,也即两侧坝田区边缘有近似相连的淤积体,该淤积体经年累月可形成阻挡主河槽与坝田水流交换的障碍,致使主槽与边滩连通性的丧失。而坝身开口情况下,在坝田区边缘不会形成阻隔连通性的淤积体,坝田区淤积形态单一。

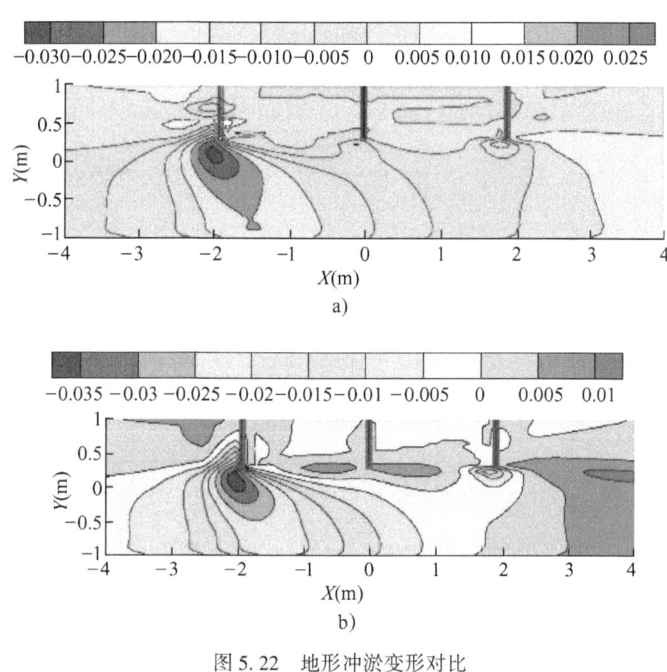

图5.22 地形冲淤变形对比

a)坝身开口;b)坝身未开口

图5.23显示沿坝身开口轴线开口和未开口两种情况下的沿程水位分布,从图中可以看出,未开口情况下第1条丁坝上下游水位差比开口情况下大,也即未开口第1条丁坝上游壅水更高,下游水位跌落更严重。原因可能是坝身形成过流,增加了上下游的水流连通,水位差较小。在第1条丁坝和第2条丁坝之间的坝田区,未开口情况下,水位始终比开口情况下低。

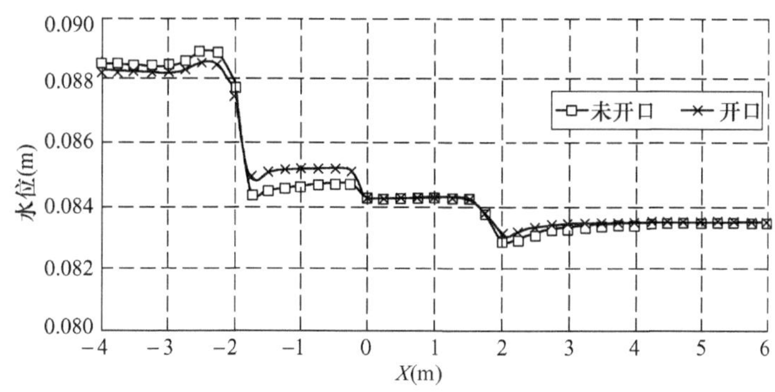

图5.23 典型纵向剖面水位(水面线)对比

图 5.24 显示自上游到下游 3 个典型横断面上的水位分布，在最上游，也即第 1 条丁坝位置处，开口位置水位较未开口情况要低。在第 2 个断面上，也即第 2 条丁坝下游处，左岸开口位置水位较低，右岸开口位置水位较高，开口和未开口水位相差不大。在第 3 个断面，也即第 3 条丁坝处，靠近丁坝布置一侧，开口情况下水位相对较高，另一侧开口还是未开口对水位影响不大。

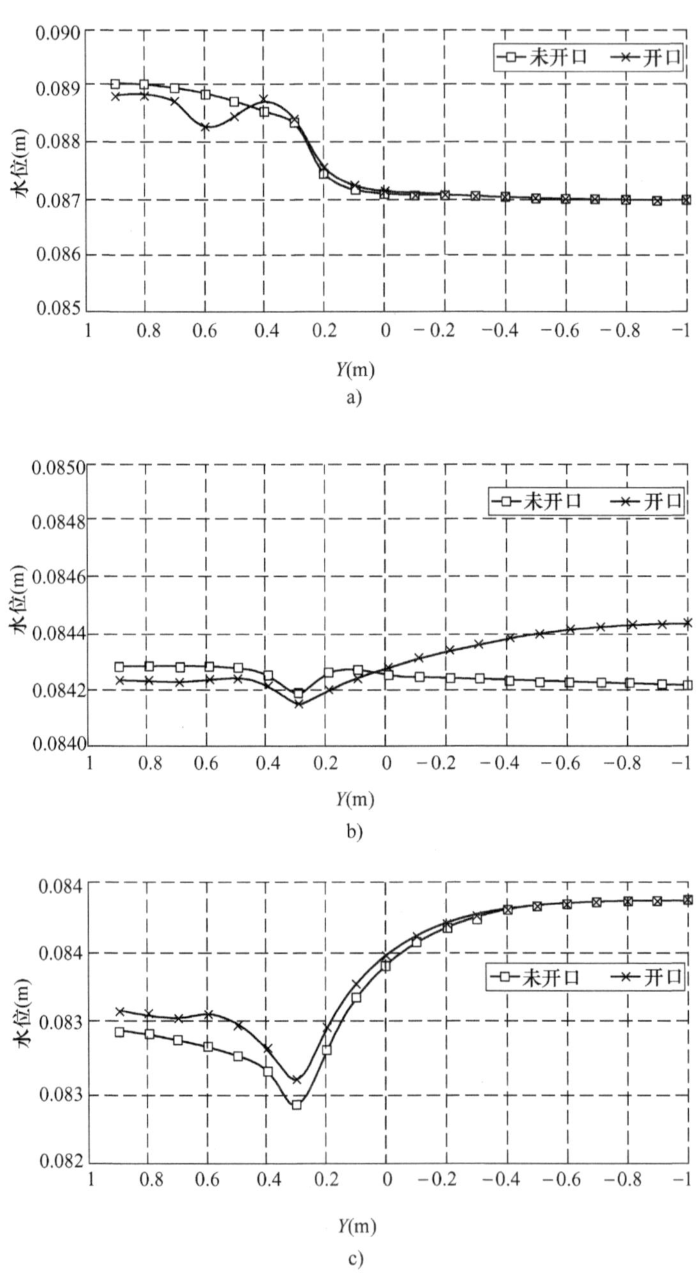

图 5.24　典型横向剖面水位（横比降）对比

图 5. 25 显示沿坝身开口轴线开口和未开口两种情况下的沿程流速分布。开口情况下,因一直有过流,所以沿程流速始终比未开口情况略大,未开口情况下,在两个坝田区流速基本接近于 0,而开口情况下,沿程流速在接近坝田区开始变小,进入坝田区持续变小,但仍保持一定的流速,出坝田区后流速增大。

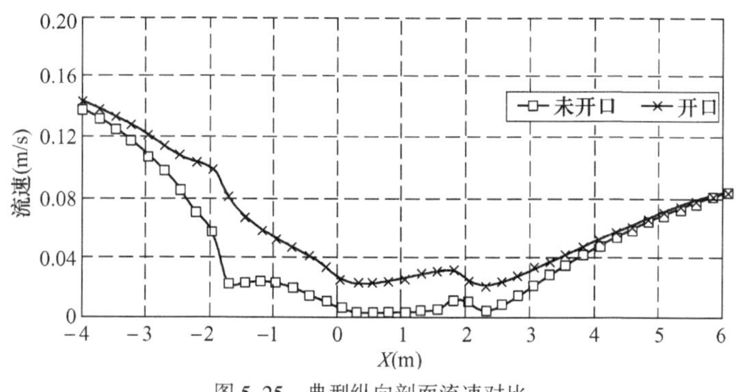

图 5. 25　典型纵向剖面流速对比

图 5. 26 显示自上游到下游 3 个典型横断面上的流速分布。在最上游断面,也即第 1 条丁坝位置,开口情况下坝身开口位置流速明显波动,比未开口情况增加近 1 倍,另一侧流速相差不大。在随后的两个断面上,流速表现出相似的特征。

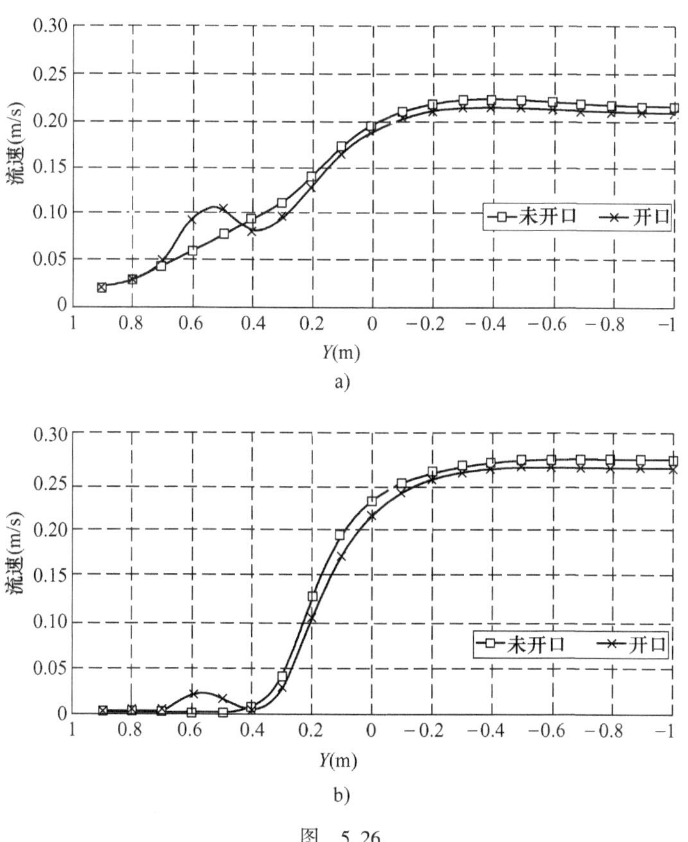

图　5. 26

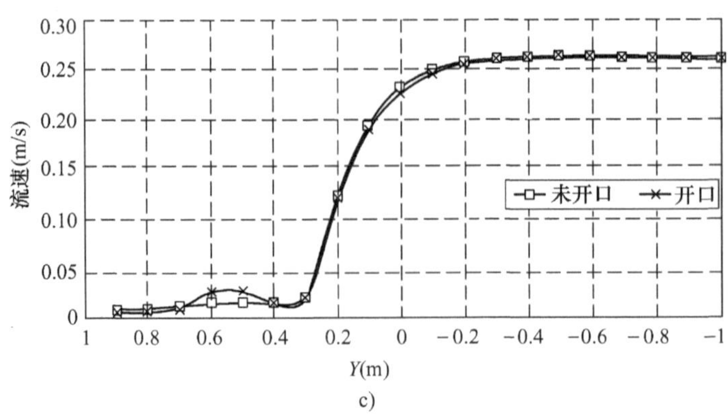

图 5.26　典型横向剖面流速对比

a)典型横断面 1 号流速变化；b)典型横断面 3 号流速变化；c)典型横断面 4 号流速变化

综上所述，丁坝坝身开口后，在坝田区形成过流，相比未开口情况，坝前水位减小，坝后水位增加，开口位置流速增加，坝田区边缘不出现淤积体，不论是水流多样性还是坝田区与主槽的连通性都比未开口情况要好。

图 5.27、图 5.28 显示坝身开口 1/3 宽度和开口 2/3 宽度条件下的流场和流线分布。从图中可以看出，坝身开口宽度越宽过流量越大，坝田区均存在回流区，但开口 2/3 宽度条件下，回流区受挤压明显较小，且自上游而下回流区范围越来越小，原因可能是受坝身过流流速减小，右侧主流挤压影响。

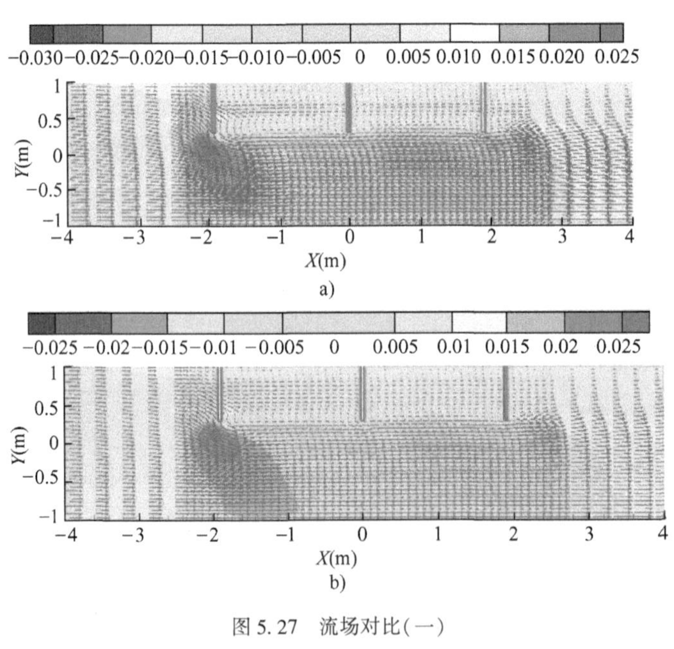

图 5.27　流场对比(一)

a)坝身开口；b)坝身未开口

图 5.29 显示坝身不同开口宽度，冲淤平衡条件下的地形冲淤等值线。坝身开口 2/3 宽度情况下，第 1 条丁坝坝头尽管也存在冲刷坑，但由于受坝身分流的影响，该冲刷坑相对较浅，且

在该条丁坝坝身开口位置因过流宽度较宽,流速相对较缓,不像开口 1/3 宽度情况,在开口位置存在局部的冲刷坑。同样,受坝身开口过流的影响,在坝田区靠近主流边缘不存在淤积体。

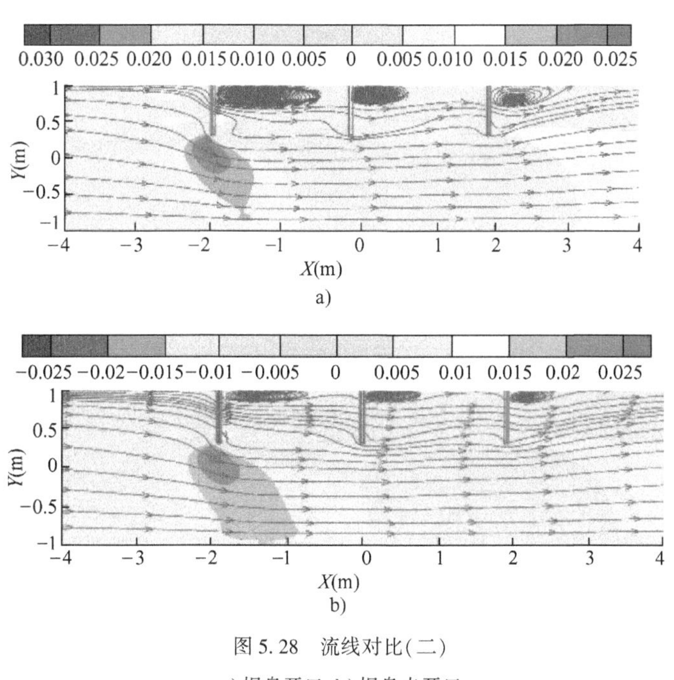

图 5.28　流线对比(二)

a)坝身开口;b)坝身未开口

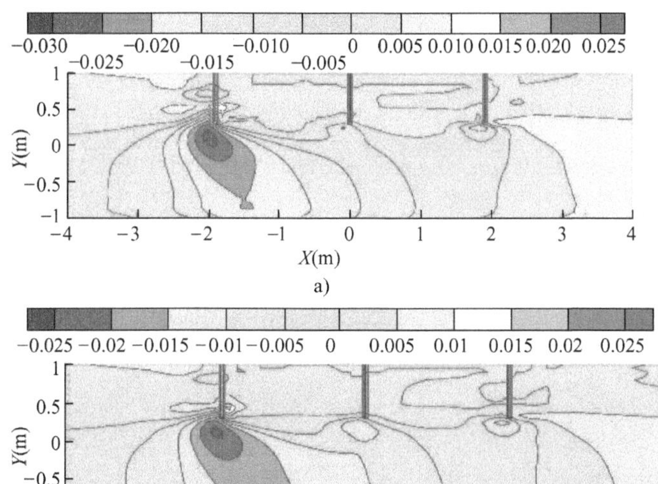

图 5.29　地形冲淤变形对比

a)坝身开口;b)坝身未开口

图 5.30 显示坝身不同开口宽度条件下,沿开口轴线的沿程水位变化。从图中可以看出,

沿程水位差异主要集中在上游第1条丁坝前后，坝身开口宽度越宽，上下游水位差越小，开口2/3宽度，丁坝上游壅水效果削弱，水位抬升降低，坝身过流量增大，丁坝下游坝田区水位增加。

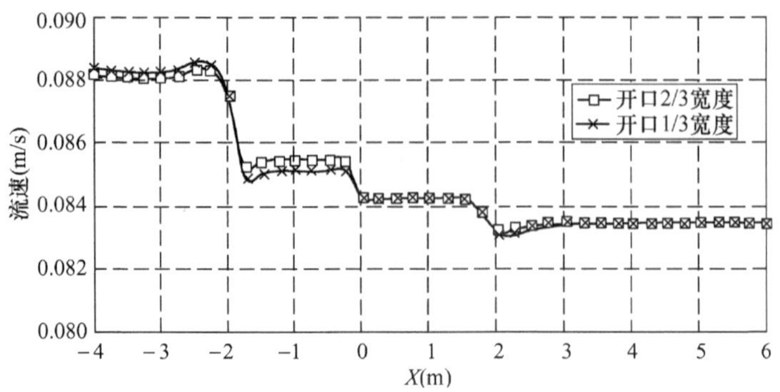

图 5.30　典型纵向剖面水位(水面线)对比

图5.31显示沿程3个典型断面上的水位分布(横比降)。最上游断面，也即第1条丁坝位置开口2/3宽度情况下，坝前水位相对较低，主流一侧水位不受开口宽度的影响。第2个断面位置，开口2/3宽度因过流量大，在坝田区水位壅高，整个横断面上水位普遍较开口1/3宽度高。第3个断面位置，也即第3条丁坝位置开口2/3宽度情况下，水位情况与第2个断面类似。

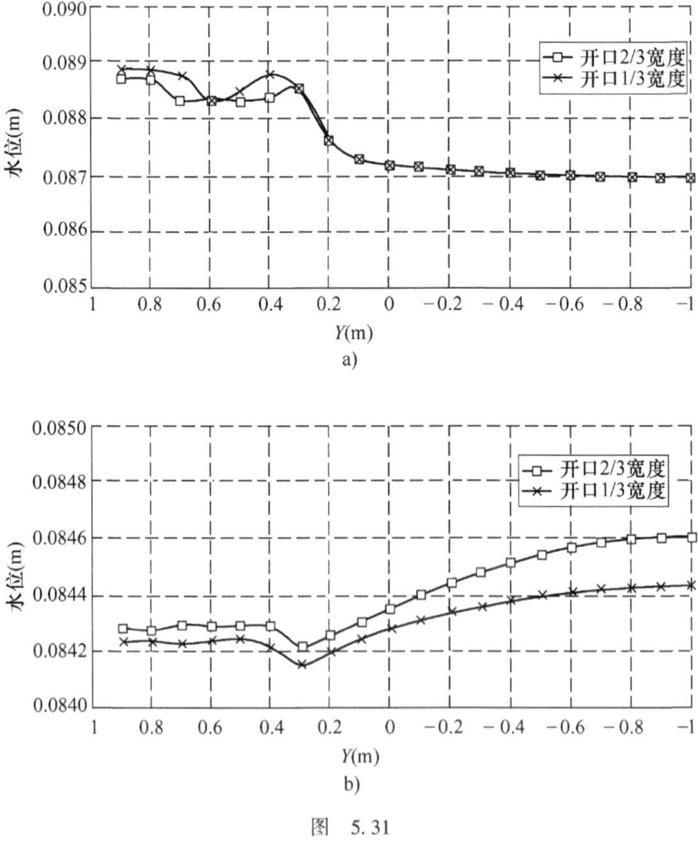

图　5.31

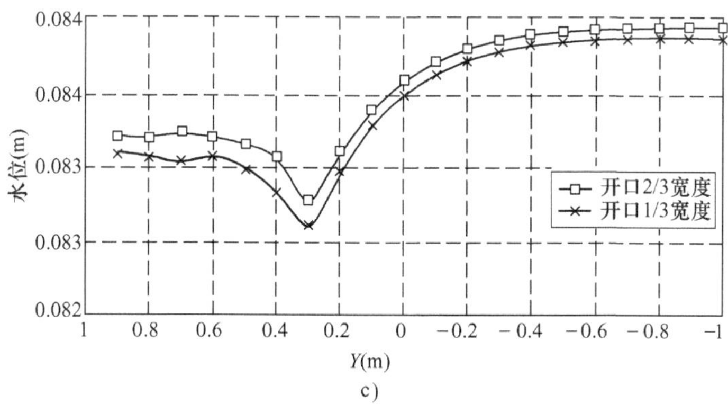

c)

图 5.31　典型横向剖面水位(横比降)对比

图 5.32 显示坝身不同开口宽度情况下的沿程流速变化。从图中可以看出,筑坝区域上游和下游流速相对较大,坝田区流速相对较小,整个断面均存在流动。在第 1 条丁坝上游,开口 2/3 宽度情况流速偏大,在第 1 条丁坝坝身开口位置,开口 1/3 宽度因开口束窄水流流速增大,流速基本与开口 2/3 宽度持平。余下部分开口 2/3 宽度流速比开口 1/3 宽度普遍略大。

综上所述,丁坝坝身开口宽度增大后,坝田区过流量增加,坝前水位壅高减小,坝后水位增加,沿程流速随宽度增加而增大,坝田区边缘同样不出现淤积体,坝身开口位置冲坑消失。宽度增加后坝田区流速增加,需考虑其对岸坡冲蚀和结构物耐久性的影响。

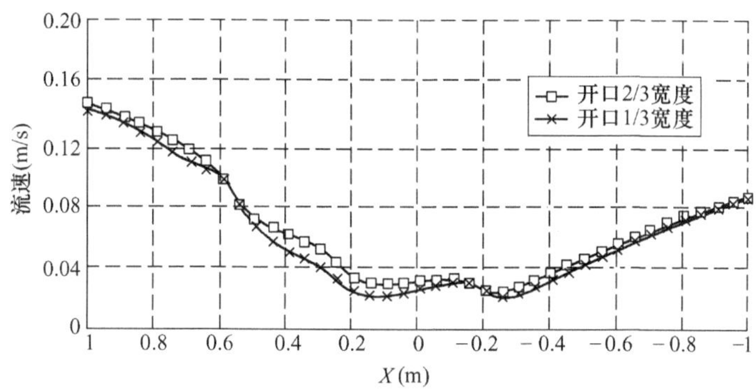

图 5.32　典型纵向剖面流速对比

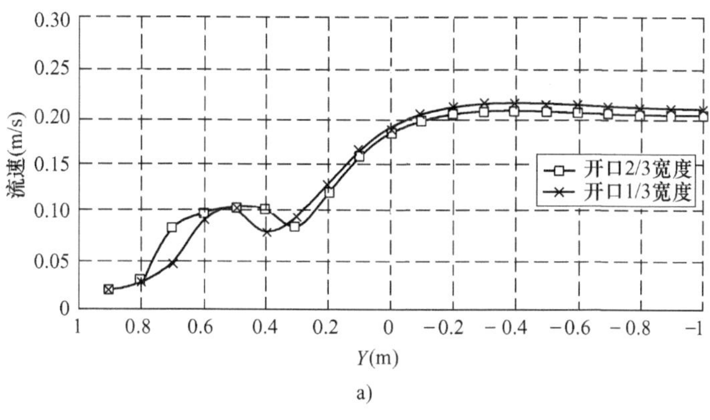

a)

图　5.33

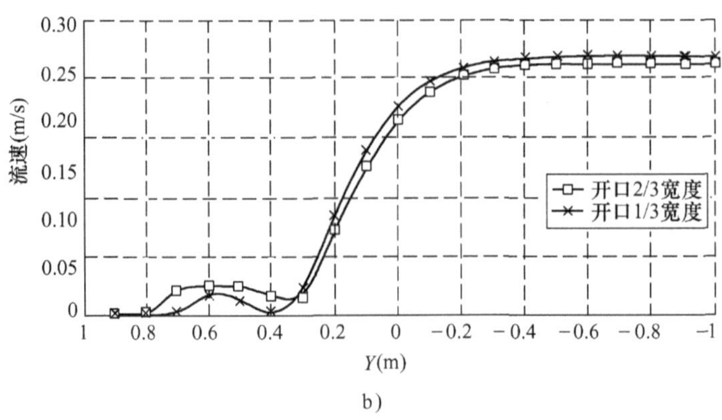

b)

图 5.33　典型横向剖面流速对比

a)典型横断面 1 号流速变化;b)典型横断面 3 号流速变化

图 5.34、图 5.35 显示坝身不同开口深度情况下的流场和流线分布。从图中可以看出,坝身开口越浅,坝身过流越弱,坝身过流在坝田区被挤压严重,不能与下一级坝身开口保持贯通,特别是在第 1 条和第 2 条丁坝之间的坝田区域。坝身开口 1/2 深度情况下,坝田区回流范围较大,且回流区形状显示坝身过流受挤压的特征。

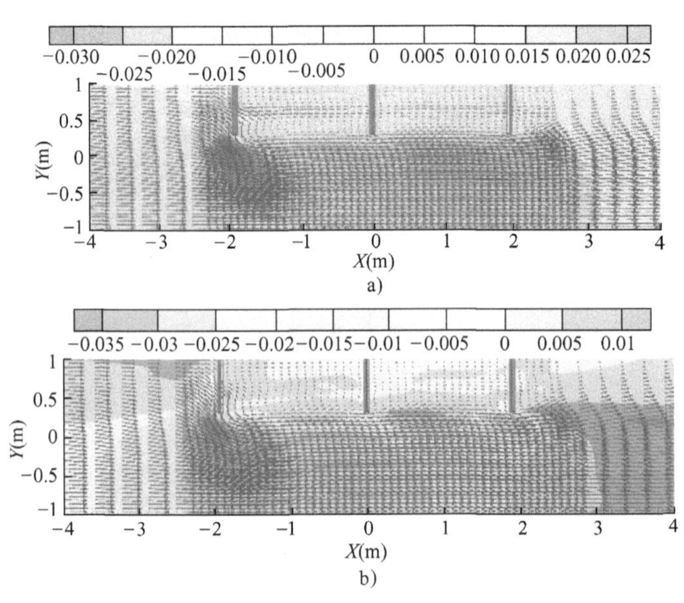

图 5.34　流场对比(一)

a)坝身开口;b)坝身未开口

图 5.36 显示坝身不同开口深度冲淤平衡状态下的地形冲淤等值线。从图中可以看出,坝身开口 1/2 深度,坝身过流减小,坝头冲坑深度增加,坝田区靠近主流边缘出现淤积体,但相比未开口情况,淤积体数目和大小相对较小。

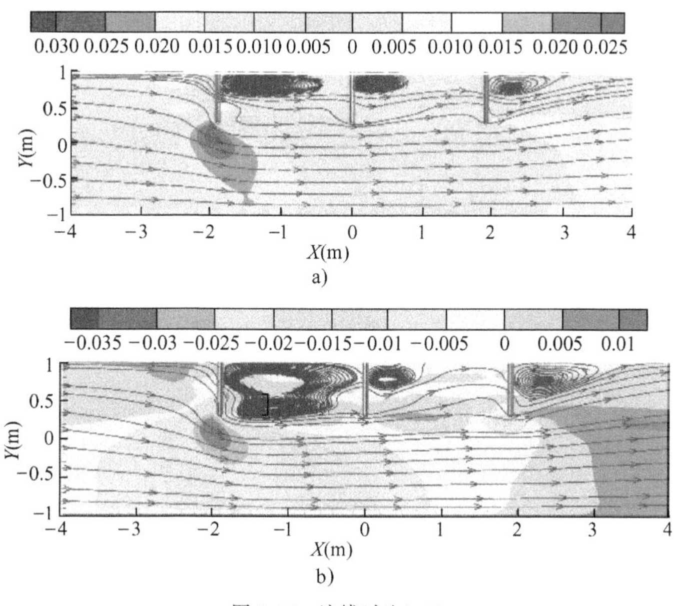

图 5.35 流线对比(二)

a)坝身开口;b)坝身未开口

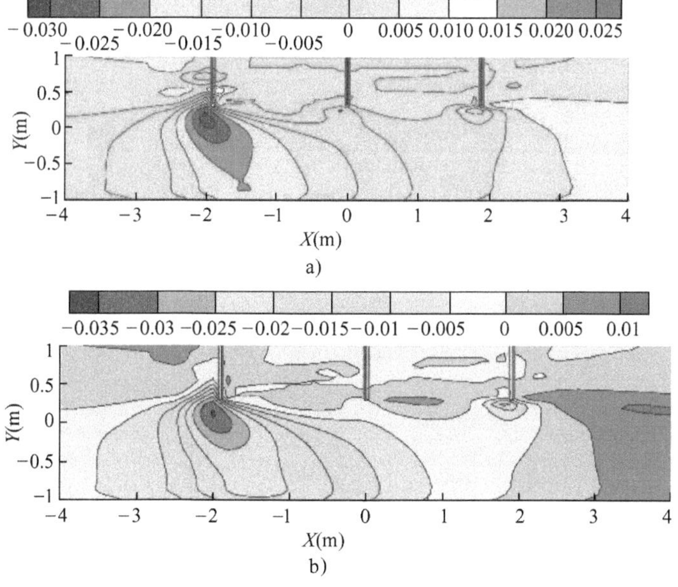

图 5.36 地形冲淤变形对比

a)坝身开口;b)坝身未开口

图 5.37 显示坝身不同开口深度情况下沿开口位置轴线的水位变化。从图中可以看出，坝身开口越浅，坝体壅水效果保留越好，坝体上下游水位差越大，特别是丁坝群中的第 1 条丁坝上下游。

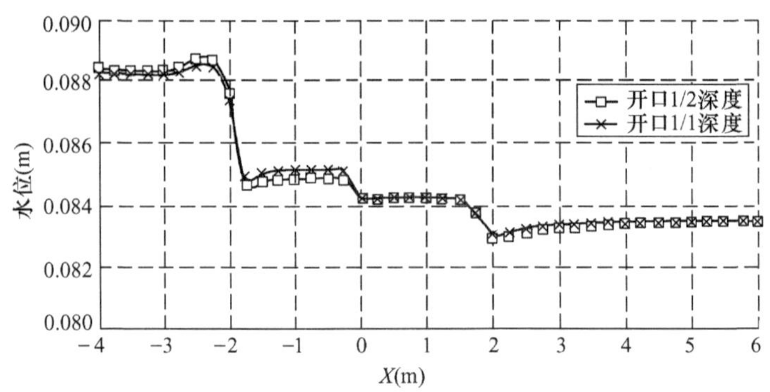

图 5.37 典型纵向剖面水位(水面线)对比

图 5.38 显示坝身不同开口深度条件下，沿程 3 个典型断面上的水位变化(横比降)。从图中可以看出，坝身开口 1/2 深度情况下，坝身开口位置水位有降落，但是相比开口 1/1 深度，水位降落幅度接近 1/2。其余断面左右岸水位相差不大。

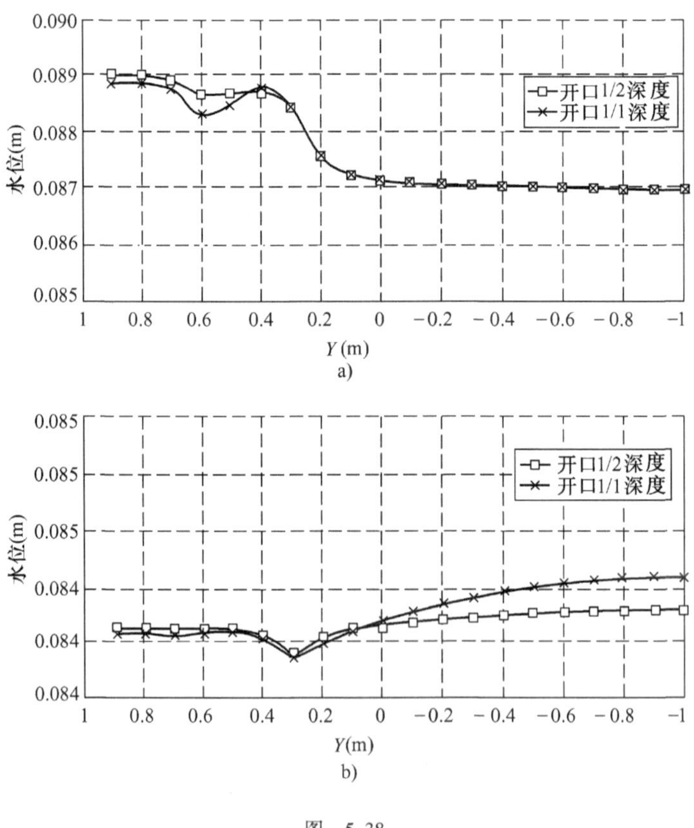

图 5.38

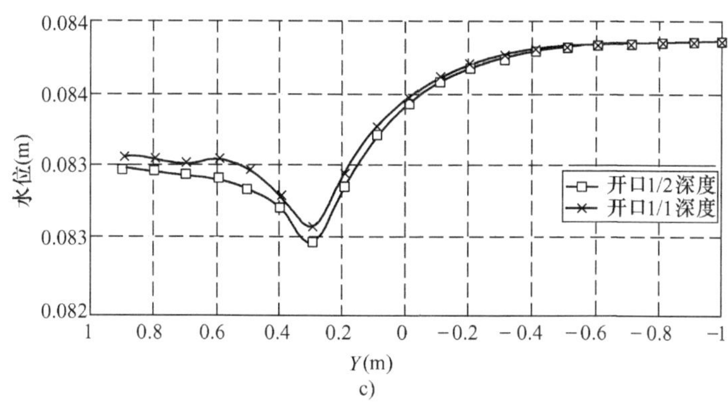

c)

图 5.38 典型横向剖面水位(横比降)对比

图 5.39 显示坝身开口不同深度条件下沿程的流速变化,开口 1/2 深度情况下,沿程流速普遍较小,在坝田区流速基本接近于 0。

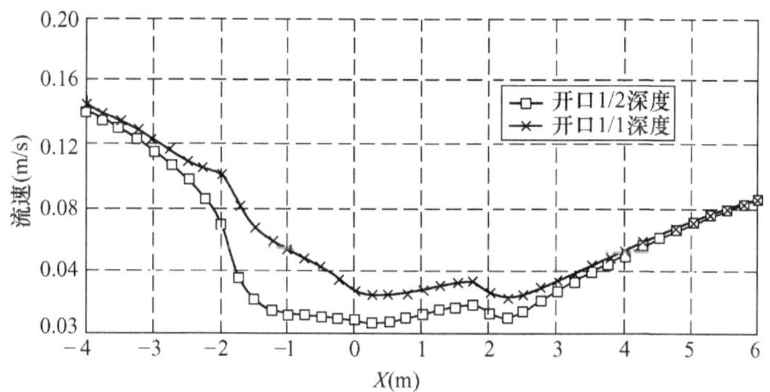

图 5.39 典型纵向剖面流速对比

图 5.40 显示坝身不同开口深度情况下,沿程 3 个典型断面上的水位变化。3 个断面在筑坝一侧坝身开口位置上,开口深度 1/1 流速偏大,其余非筑坝一侧流速相差不大。

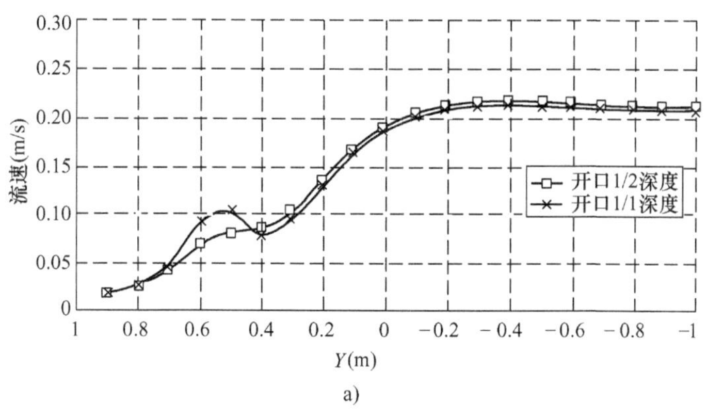

a)

图 5.40

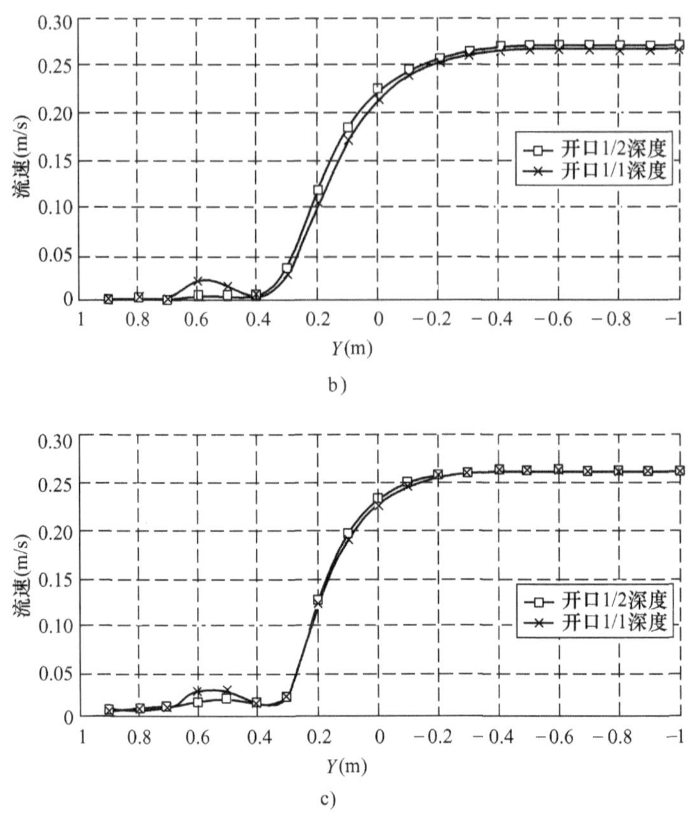

图 5.40　典型横向剖面流速对比

a)典型横断面 1 号流速变化;b)典型横断面 3 号流速变化;c)典型横断面 4 号流速变化

综上所述,丁坝坝身开口深度增加后,坝田区过流量增加,坝前水位壅高减小,坝后水位增加,沿程流速随深度增加而增大,开口深度 1/2 情况下,坝田区边缘出现小规模淤积体,坝身开口位置冲坑消失。深度增加后坝田区流速增加,坝身开口深度减小,坝身开口的生态效益减弱,需综合考虑开口深度和水位、流速的关系。

5.3.4　钝头 V 字坝群水流与冲淤地形数值模拟

5.3.4.1　钝头 V 字坝水力特性概化数值模拟

数值水槽试验的模拟参数如下:模型水槽长度 13m,宽度为 2m,钝头 V 字坝弧头 140°,内径 0.2m,外径 0.25m,左右两翼长 0.50m,坝顶高度为 0.08m,下游开口宽度为 0.60m,结构物总长 0.75m,宽度同样为 0.75m,占水槽宽度约 1/3。水槽与结构布置图如图 5.41 和图 5.42 所示。水流条件设置如下:流量 0.064m^3/s,流速 0.40m/s,水深 0.08m(下游出口控制水深)。共划分网格单元 14204 个,节点 14484 个,在结构物附近为准确概化结构物形状,对计算网格进行了局部加密处理,最小网格尺寸为 0.02m。计算时间步长取 30s,计算时长 5min,保证计算达到稳态。糙率取值 0.025。

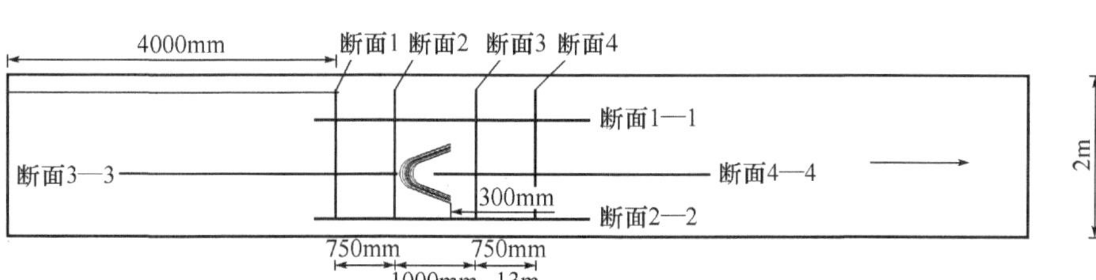

图 5.41　明渠内钝头 V 字坝和典型断面位置及平面布置图

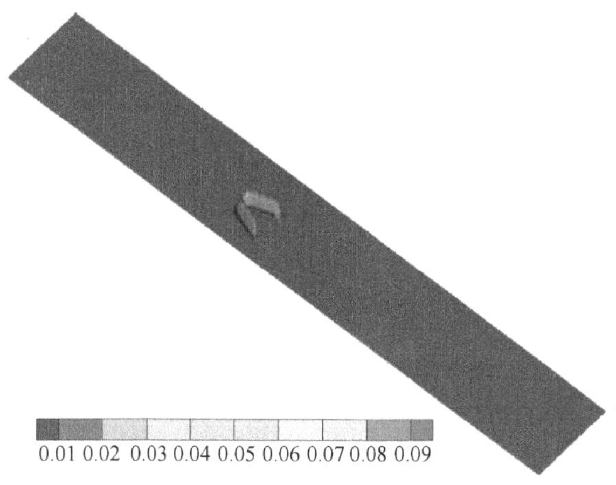

图 5.42　水槽内钝头 V 字坝布置三维地形图

图 5.43 和 5.44 分别为水槽内钝头 V 字坝附近的流场和流线分布，从图中可以看出，设定流量级下，坝体被淹没，坝顶形成过流，水流接近坝体时，受坝体结构影响，水流分别向坝体左右两侧偏转，坝顶流向沿水槽轴线流动，且流速增大明显，坝后区域流速变小，形成静水区域。

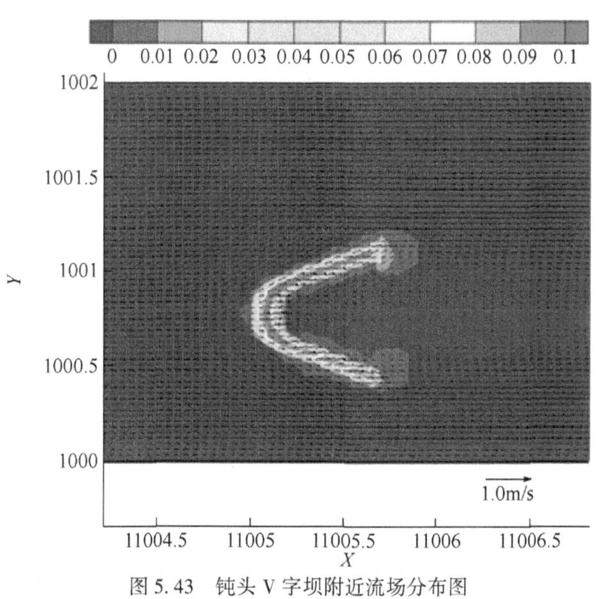

图 5.43　钝头 V 字坝附近流场分布图

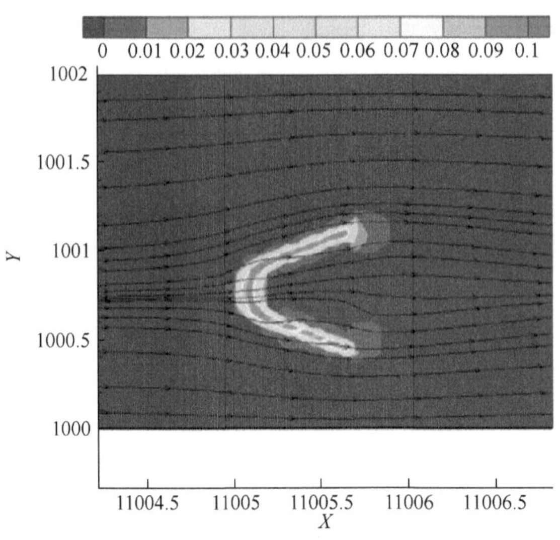

图 5.44 钝头 V 字坝附近流线分布图

图 5.45 为沿程 4 个典型横断面上的水位和流速变化。从图中可以看出，坝前水位较坝后水位壅高明显，平均壅高达 0.01m，特别是在坝头位置附近水位出现局部抬升（断面 2 第 5.7 号采样点），较同一断面其他采样点水位抬升约 0.003m。从流速变化来看，坝体屏蔽区域，即坝后流速有明显降低。

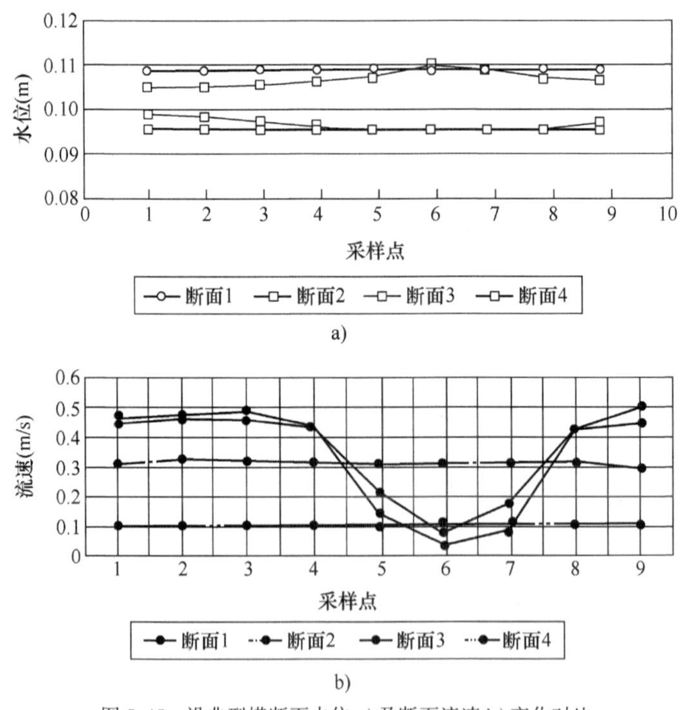

图 5.45 沿典型横断面水位 a）及断面流速 b）变化对比

a）横断面水位对比；b）横断面流速对比（沿程）

图5.46和图5.47分别为沿典型纵断面上水位和流速变化对比，从图中可以看出，坝前水位普遍高于坝后水位，坝头位置水位有局部抬升，而坝后水位有局部降低，其后水位逐步恢复。流速方面，坝头位置流速降低，坝后流速下降明显，其后流速逐步恢复。

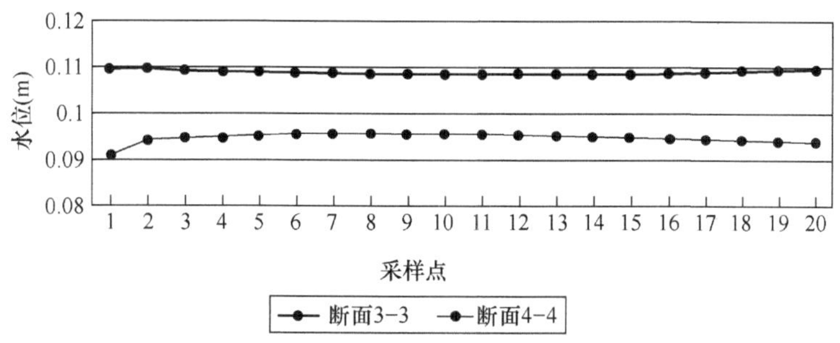

图5.46 沿典型纵断面上水位变化对比

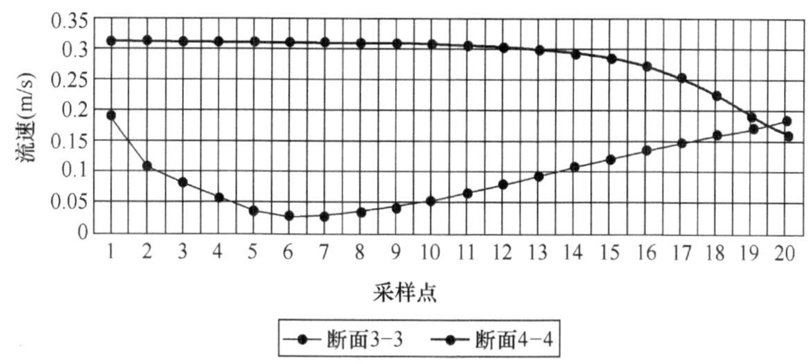

图5.47 沿纵断面上流速变化对比

5.3.4.2 生态型组合坝体群水力特性模拟研究

本节选取贵州荔波樟江拉香滚水坝下游心滩，营造心滩生境，在浅滩上游布置钝头V字坝，通过调整坝体两翼角度，控导水流归顺主槽，增大主槽水流流速，利于航槽水深维护，靠航道一侧钝头V字坝下游，间断布置顺坝，有利于持续发挥坝体束窄河道、雍高水位、平顺水流的作用。图5.48~图5.51分别为拉香滚水坝下游河段现状，实景照片和钝头V字坝和非连续顺坝设计方案及其平面位置图。

钝头V字坝配合坝尾间断顺坝布置，能发挥其保护河道内浅滩，并有助于浅滩持续发育为浅水生境的作用。钝头V字坝在河道内圈出相对静水区域，构筑多样化流场，坝体在洪水期形成坝后冲坑和淤积浅滩等多样化地形的优势不必多言。坝尾间断顺坝布置辅助钝头V字坝完成导顺水流目的，缺口能够保持航道与浅滩的水流交换，维持一定的河道横向连通和浅水区水流活性。浅滩可以配置当地芦苇等水生植物。

拉香滚水坝下游心滩设计为钝头V字坝保护心滩滩头，靠主航槽一侧设置有非连续性顺坝，坝顶宽度2.0m，长度114.21m(钝头V字坝)，非连续性顺坝长度为31.37m。模拟上游入口选取樟江最大观测流量 532m^3/s，下游出口给定为拟建贵州荔波樟江板麦坝坝前控制水位 406.5m，共划分计算单元 22166 个，节点 11306 个，同样在结构物附近进行了网格加密处理，最小网格尺寸为 2.0m。计算步长为 1.8s，时长为 2.0h，计算精度为 2 阶精度。

图 5.48　拉香滚水坝下游心滩现状

图 5.49　拉香滚水坝现状（面向下游）

图 5.52 为数值模拟的计算域范围，自上游至下游大概长 700m，坝体结构附近网格局部加密，将坝体较为准确地概化出来。

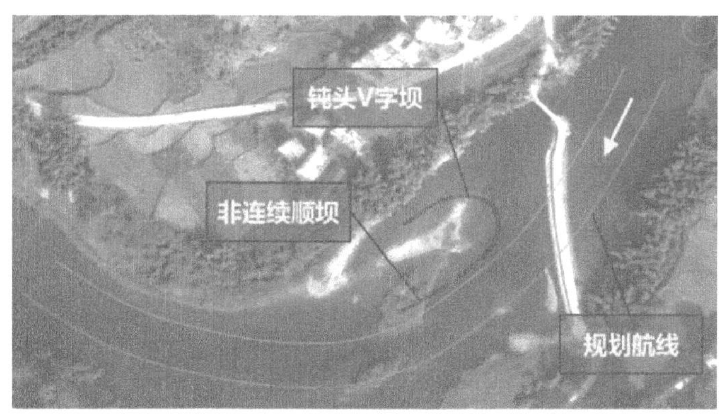

图 5.50　拉香滚水坝下游浅水生境营造方案

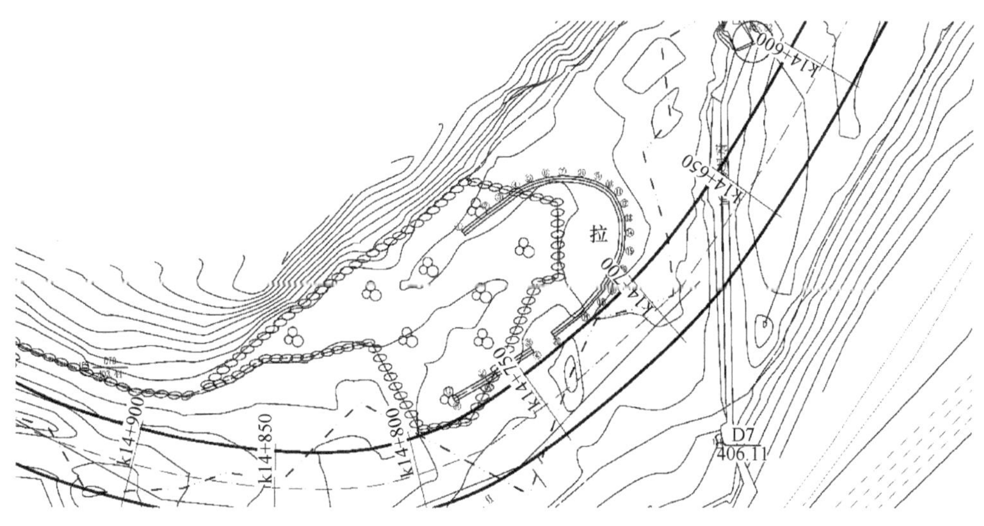

图 5.51　拉香滚水坝下游生境营造方案平面布置图

图 5.53a）和图 5.53b）分别为工程实施后的流线和流场分布图。从图中可以看出，设定流量级条件下，坝体尚未被淹没，基本不过流，水流流动至坝头附近被分为左右两汊，水流沿坝体两翼挑流方向平顺流动，其中在左汊钝头 V 字坝和非连续顺坝豁口位置，水流流入坝后静水区，在坝后形成较大范围的回流，但除进入豁口横流外，回流流速均较小，且在钝头 V 字坝屏蔽区域之外的下游区域，仍存在有大片的静水区域，尽管流速相对偏大，但仍存在有较大范围的回流区。经钝头 V 字坝调顺后的水流基本沿航槽方向流动，且水流较为集中。右岸水流流向基本沿坝体侧翼和河岸方向流动，未出现较大偏转方向的流动。

图 5.54 分别为左岸航槽内沿航槽方向的水位和流速变化，从图中可以看出，工程后，河道内水位壅高约 0.10m，坝体水位在河道断面面积缩窄位置出现跌落，经坝体挑流作用，航槽内水位有所回落，与工程前相比，沿程水位多变。航槽内流速较工程前普遍提高，最大增加了约

0.7m/s，过坝体作用范围后，流速基本又趋于一致。

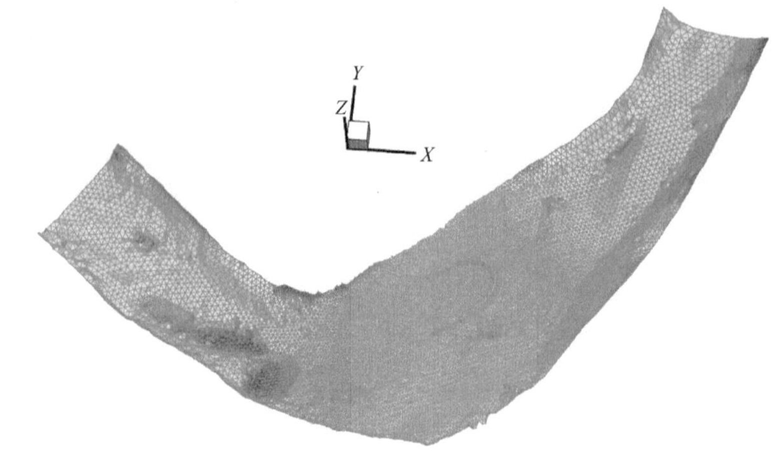

图 5.52　数值模拟计算域、三维地形及网格剖分图

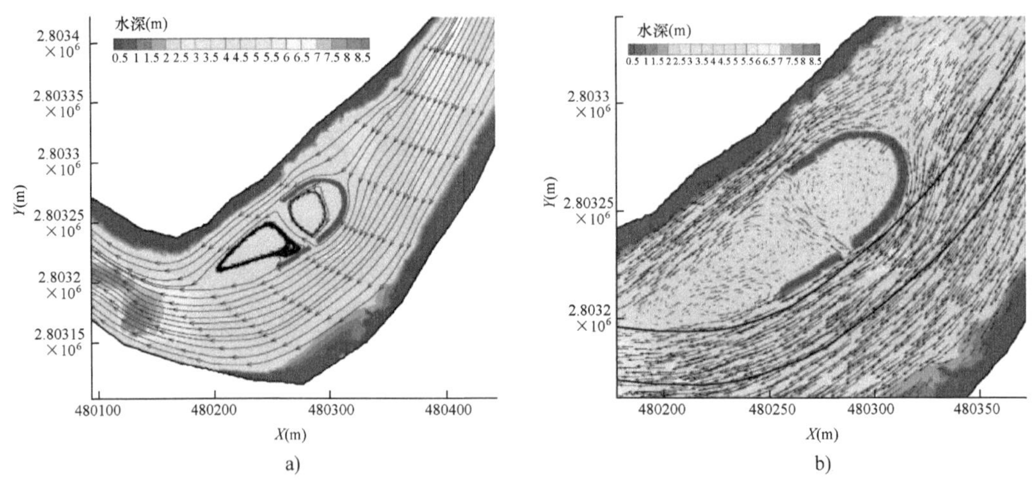

图 5.53　工程前和后流线分布图(最大观测流量 532m^3/s)

a)工程前;b)工程后

图 5.55 分别为工程前后沿坝体中轴线的水位和流速变化。从图中可以看出，坝头位置水位壅高明显，水位抬升约 0.17m，在坝顶位置发生水位跌落，最大跌落了约 0.30m，坝后水位较工程前降低了约 0.03m。工程后坝头位置和坝后流速普遍减小，且在坝后位置流速基本接近于 0，即上述的静水区域，在沿程距 100m 位置流速增大是豁口处横流导致，其后流速略有提升。

图 5.56 分别为工程前后沿右岸通道内的水位和流速变化，从图中可以看出，工程后上游水位壅高，坝顶位置水位跌落，坝后位置水位降低。工程后通道内流速增加明显，最大达 1.2m/s，过钝头 V 字坝作用范围后，流速基本与工程前保持一致。

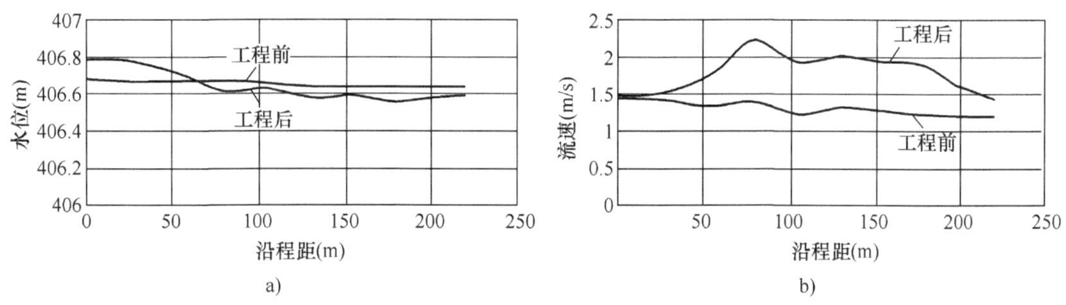

图5.54 工程前和后左岸航槽内水位变化(最大观测流量532m³/s)

a)水位变化(左岸航槽);b)流速变化(左岸航槽)

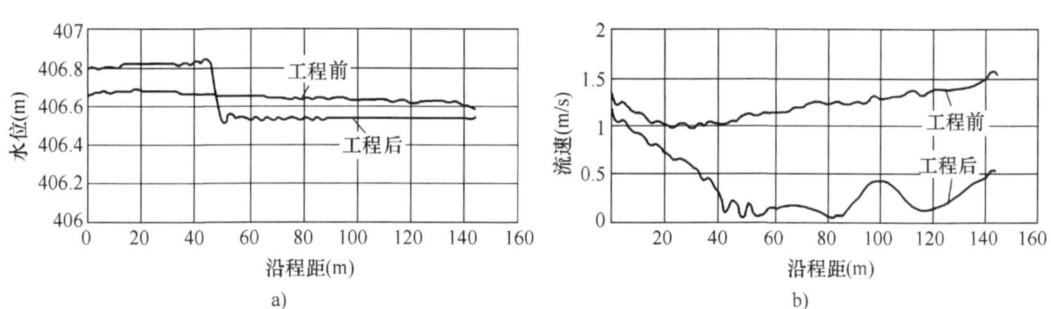

图5.55 工程前和后左岸航槽内水位变化(最大观测流量532m³/s)

a)水位变化(坝体中轴线);b)流速变化(坝体中轴线)

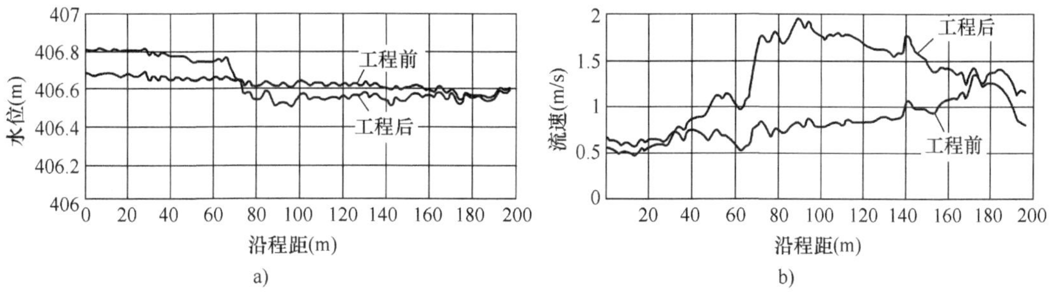

图5.56 工程前和后右岸航槽内水位变化(最大观测流量532m³/s)

a)水位变化(右岸通道);b)流速变化(右岸通道)

5.3.4.3 生态型组合整治坝体群地形冲淤模拟研究

贵州荔波樟江生态坝体地形冲淤分析研究,分别模拟工程前后地形冲淤变化,对比分析生态坝体布置对工程河段地形和航道尺度稳定的影响。

樟江流域的泥沙主要来源于河域面上的水力侵蚀,与暴雨强度、地形、土壤、植被、地质以及土地利用情况有关,每年雨季即是流域的产沙季节,一般来说,每年第一、二次洪水或久旱厚的暴雨洪水含沙量较大。流域内植被良好,岩溶发育。根据荔波水文站多年来实测泥沙资料统计，其多年平均输沙量 11.07 万 m^3，多年平均悬移质含沙量 0.106kg/m^3，悬移质输沙模数为 80.2t/m^2，属贵州省低值区。河流输沙主要集中在汛期的洪水季节，洪水过后水质逐渐清澈，枯水期泥沙含量较低。据《贵州省地表水资源》等值线图，樟江流域大部分区域悬移质输沙模数在 50~100t/km^2之间。

因此，输沙模拟以悬移质输沙为主，采用 Engelund & Hansen 悬移质输沙公式，孔隙率取 0.4，考虑到上游山区来沙，沙粒中值粒径取 1mm，均匀沙，相对密度 2.65。进出口开边界均设定为平衡输沙条件。计算共模拟 40h 的冲淤变化过程，直至半小时间的地形冲淤变化幅度≤0.01m 为止。上游来流为樟江历年最大观测流量 532m^3/s，下游水位设定为 406.5m，生态坝体结构坝顶高程为 406.8m，未淹没不形成坝顶过流。

图 5.57~图 5.60 是工程前河段流场、冲淤后地形、冲淤幅度和水深模拟结果图。图 5.61~图 5.64 是工程后河段流场、冲淤后地形、冲淤幅度和水深模拟结果图。

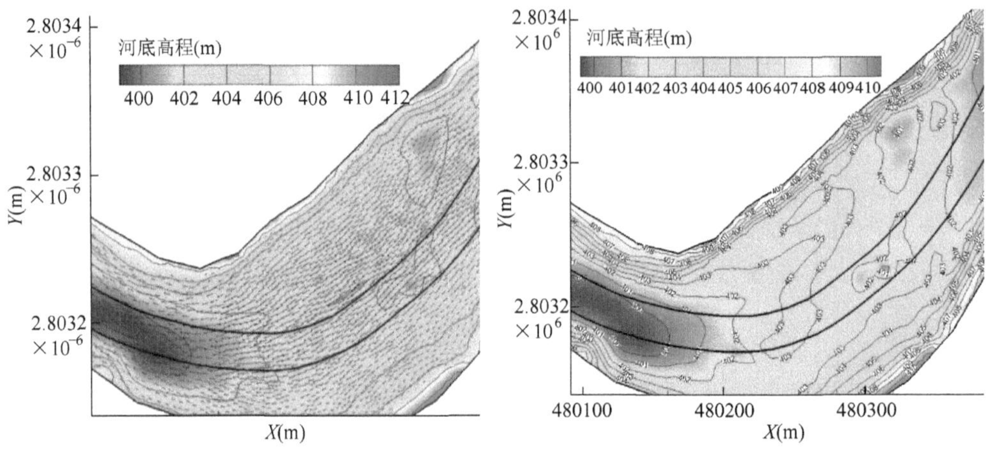

图 5.57 工程前流场图(最大观测流量 532m^3/s)

图 5.58 工程前河段地形(最大观测流量 532m^3/s)

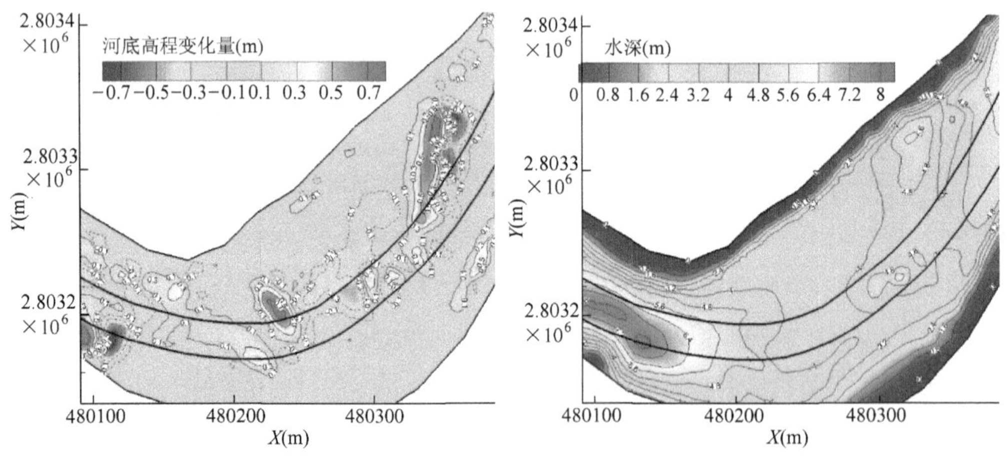

图 5.59 工程前地形冲淤幅度(最大观测流量 532m^3/s)

图 5.60 工程前水深分布图(最大观测流量 532m^3/s)

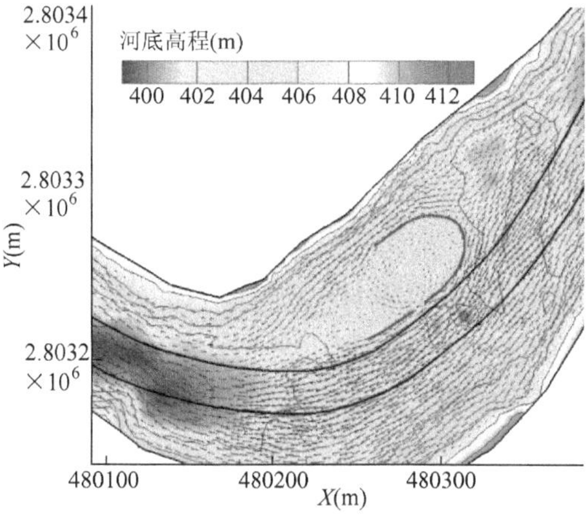

图 5.61　工程后流场图（最大观测流量 $532m^3/s$）

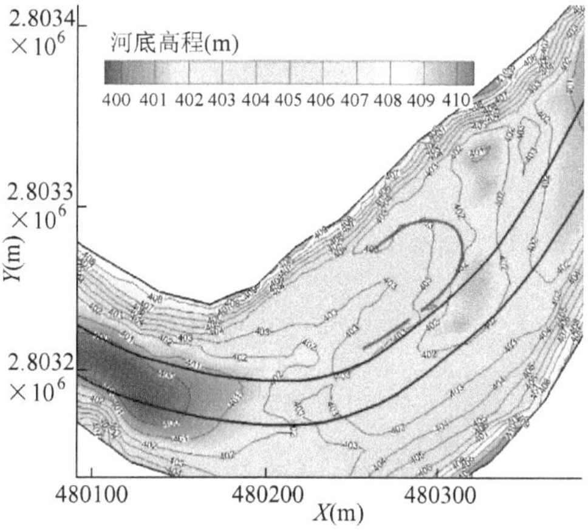

图 5.62　工程后流场图（最大观测流量 $532m^3/s$）

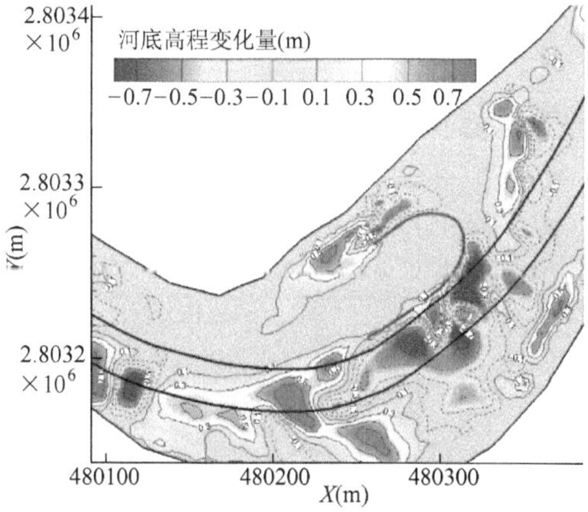

图 5.63　工程后地形冲淤幅度（最大观测流量 $532m^3/s$）

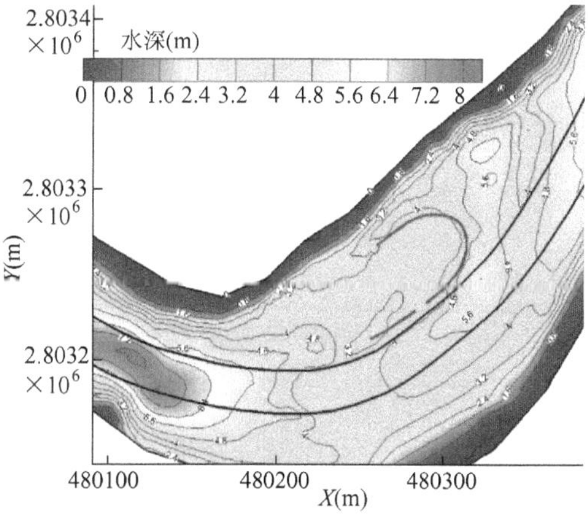

图 5.64　工程后水深分布（最大观测流量 $532m^3/s$）

从对应模拟结果可以看出，工程前，仅在心滩首尾存在较大规模冲淤变化，且仅集中在心滩首尾部位，最大淤积厚度达 0.7m，最大冲刷深度达-0.5m，冲坑和淤积体走向基本与心滩形状保持一致。规划航槽内有小幅冲淤变化。工程后，在生态坝体上游、左侧和右侧均有较大幅度冲淤变化，坝体上游（原心滩首部）冲淤幅度相比减弱，原因可能是受坝体壅水，水位抬高流速变缓的影响。坝体左岸侧航槽内有明显冲坑，但紧贴冲坑位置也有淤积体形成，最大冲刷深度达-0.7m，最大淤积厚度达 0.5m。航槽内冲刷有利于航道尺度的维护，但邻近淤积体的形成是不利因素，原因可能是坝体尾部非连续顺坝缺口位置水流分汊的影响。该缺口设置初衷是在钝头 V 字坝坝后缓流区引入主流，营造出相对丰富的多样化水流条件，但其对航槽尺度的影响不容小觑，下一步将考虑重新设定缺口位置。坝体右岸人工营造的支汊内，因过水断面束窄，流速加大将上半段床沙搬运至下半段，从而在支汊内形成多样化的地形条件。

5.4 小　　结

(1)从研究结果来看,丁坝坝身开口后,在坝田区形成过流,相比未开口情况,坝前水位减小,坝后水位增加,开口位置流速增加,坝田区边缘不出现淤积体,不论是水流多样性还是坝田区与主槽的连通性都比未开口情况要好。丁坝坝身开口宽度增大后,坝田区过流量增加,坝前水位壅高减小,坝后水位增加,沿程流速随宽度增加而增大,坝田区边缘同样不出现淤积体,坝身开口位置冲坑消失。宽度增加后坝田区流速增加,需考虑其对岸坡冲蚀和结构物耐久性的影响。丁坝坝身开口深度增加后,坝田区过流量增加,坝前水位壅高减小,坝后水位增加,沿程流速随深度增加而增大,开口深度 1/2 情况下,坝田区边缘出现小规模淤积体,坝身开口位置冲坑消失。深度增加后坝田区流速增加,坝身开口深度减小,坝身开口的生态效益减弱,需综合考虑开口深度和水位、流速的关系。

(2)通过水槽数值试验研究钝头 V 字坝的水力特性,其后选取贵州荔波樟江典型河段(拉香滚水坝下游),将钝头 V 字坝布置其中,模拟坝体结构布置前后河道内的水流特性和地形冲淤特性变化,并提出了其与航道尺度维护之间的关系。

第6章

鱼类栖息地对整治坝体布置响应分析

生态型整治坝体设计的初衷即是在河道内创造出多样化的生境条件，包括多样化的流场和地形，而其中流态多样化和流速分布多样化是地形多样化的基础。

多样化的流场可以为鱼类等水生生物提供不同的栖息、觅食和产卵条件，高流速区水流流速较大，能够自上游携带较多的有机质养分，且能够更充分地与气体掺混，为水体提供较丰富的溶解氧，增强水流活性，有利于水质的净化和水生生物生存。而低流速区的静水条件，有利于泥沙等有机质沉积，聚集起较为丰富的水中微生物群落，此外静水区水深普遍较深，对外界水文、气候条件的变化不明显，水温相对平稳，是水中相对安全的栖息、产卵或越冬场所。

通过在河道内浅滩布置钝头V字坝，除了能有效地控导分汊水流，调顺汊道水流流向和流态，发挥航道整治结构功能之外。钝头V字坝坝头承接了上游来流的直接冲击，在坝后形成半封闭静水区域，保护天然洲头免受水流直接淘刷，起到守护江心洲洲头的目的，进而维持洲体形态的完整。实现在河道内人工构造出急流-缓流交替的多样化流场，为鱼类等水生生物栖息提供庇护场地；洪水季水流漫过坝体，在坝体下游形成局部冲坑，水深相对较深，可以为鱼类提供越冬场地；钝头V字坝坝后所保护并逐渐发育的淤积浅滩，是水生生物栖息、觅食的重要场所，该处浅滩水深较浅，水流相对较缓，光照充足，水温适宜，利于水生植物生长，水中溶解氧含量相对较高，能够自然维持或形成完整的食物链系统，水生植物生长也能够为鱼类提供良好的遮蔽。

此工程结构能够改善航道内流场结构，能够显著改善坝体范围内沉积物的沉积过程，提升大型底栖动物栖息地生境质量。

为了研究生态型整治坝体布置所引起的水沙-栖息地环境变化与水生生物适宜性的响应关系，采用物理栖息地模型方程，分析特征物种的栖息地适宜性指数分布和栖息地加权可用面积的变化规律。从而实现生态化指导下的整治坝体结构设计。

6.1 物理栖息地模型

美国鱼类和生物服务调查中心于20世纪70年代末发明了河道内流量增加方法(Instream Flow Incremental Methodology,IFIM)。该方法旨在将水力学模型与生物信息模型耦合,定量地得出流量和鱼类适宜栖息地之间的关系,其主要成果是物理栖息地模拟模型(Physical Habitat Simulation Method,PHABSIM)。该模型是将特征物种对水流因子的适宜性关系与水动力特征进行耦合而计算得出栖息地加权可利用面积(Weighted Usable Area,WUA)。

由于栖息地模拟方法没有考虑泥沙和河床冲淤变化,而河床冲淤实际上对栖息地分布影响很大,为此,需要结合水沙模拟与栖息地模拟来计算生物的有效栖息地面积。WUA值是研究区域中每个网格面积和流速、水深的综合适宜性指数(Composite Suitability Index,CSI)的乘积。计算方法见式(6.1):

$$S_{\mathrm{WUA}} = \sum_{i=1}^{n} V_i D_i A_i \tag{6.1}$$

式中:A_i——研究河段第i个计算单元面积;

n——单元总数量;

V_i——第i个单元的流速适宜性值;

D_i——第i个单元的水深适宜性值。

6.2 栖息地适宜度指标

樟江是珠江水系的二级支流,流域位于云贵高原向东南山地过度的斜坡面上,其鱼类区系组成不仅有着珠江水系的共同特点,而且具有云贵高原东部地区的鱼类区系相似的特点。在樟江鱼类区系中,鲃亚科、野鲮亚科等南方暖水性鱼类的种类较多,而鮈亚科等北方冷水性鱼类的种类较少。

通过向当地渔业主管部门、渔政管理部门及渔民调查,了解到渔业资源现状以及鱼类资源管理中存在的问题。根据不同季节鱼类主要集中地和鱼类种群组成,结合鱼类生态习性、水文学特征及相关文献资料等可知,工程河段有鱼类59种,隶属4目14科37属,其中鲤形目有3科32属44种,鲈形目和鲇形目5科5属7种。

鱼类作为水生态系统中的顶级生物群落,在生态系统中起着重要作用,鱼类种群数量的改变一定程度上能反映出当地水生态环境的各种变化。因此,本节选用鲤鱼为特征物种,分析研究河段生境需求。

适宜性指数用0~1之间的数值表示影响因子对鱼种的影响,适宜性从0到1依次递增。采用单变量适宜性曲线分别考虑水深、流速不同时的鱼类适宜性。另外,经过试验计算并参考了相关文献中的鱼类适宜性研究成果,得出鲤科鱼类不同生命阶段栖息地需求,如图6.1所

示。根据文献调查,并参考鲤科鱼类栖息地适宜度资料,确定鲤科鱼类适宜度如下:

流速,阈值范围:0. 15~0. 8m/s;最佳范围,0. 2~0. 4m/s;

水深,阈值范围:0. 5~2. 4m;最佳范围,0. 8~1. 6m。

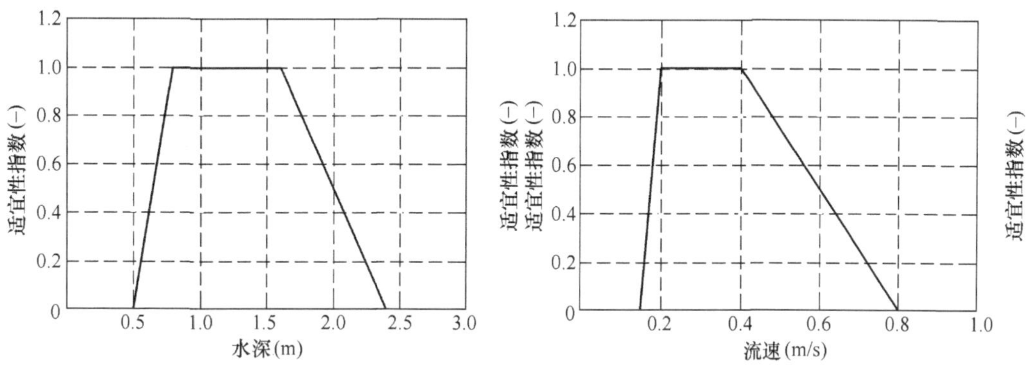

图 6. 1　鲤科鱼类水深及流速适宜性曲线

6. 3　流速适宜度分析

参照鲤科鱼类流速适宜度曲线,鲤科鱼类栖息的最佳流速范围在 0. 2~0. 4m/s 之间,流速阈值范围在 0. 15~0. 8m/s 之间。流速在阈值范围之外为不适宜鲤科鱼类栖息流速,其适宜度为 0,相应流速适宜度曲线如图 6. 2 所示。通过在荔波樟江工程河段布置生态型组合整治坝体群,改善鲤科鱼类栖息生境。图 6. 2 显示历年观测最大流量条件下,工程河段适宜鲤科鱼类生存的流速适宜度分布,从图中可以看出适宜流速主要集中在生态坝体前后,在坝体上游靠近右岸侧有较大范围的适宜区域,在坝体掩蔽的下游区域,也存在约坝体 3 倍长度适宜区域。此外,在河段靠近左岸一侧也分散分布有小范围的适宜区域。

图 6. 2　流速适宜度分布(观测最大流量 $532m^3/s$)

6.4 水深适宜性分析

参照鲤科鱼类水深适宜度曲线,鲤科鱼类栖息的最佳水深范围在0.8~1.6m之间,水深阈值范围在0.5~2.4m之间。水深在阈值范围之外为不适宜鲤科鱼类栖息的水深环境,其适宜度为0,相应水深适宜度曲线如图6.3所示。因樟江航道整治工程修建梯级枢纽,拉香河段距下游枢纽仅2.5km,枢纽将河段水位抬高,水深增加,河道内绝大部分区域水深在4m以上,仅在沿岸有水深较浅区域。从图6.3可以看出,水深适宜区域均分布在左右岸沿岸区域,此外整治坝体沿线也有适宜区域分布。

图6.3 水深适宜度分布(观测最大流量532m³/s)

6.5 栖息地有效面积分析

上文已对生态型组合整治坝体群布置影响下的流速和水深适宜性进行了分析,发现流速与水深适宜性指数并无正相关性,也就是说,流速适宜性指数较大的区域或工况,其水深适宜性指数不一定较大。而判断栖息地适宜性是基于流速和水深条件的综合考量,因此需要利用栖息地加权可利用面积计算公式,计算出栖息地加权可用面积(WUA),如图6.4所示。通过栖息地加权可用面积大小,判断整治坝体结构的生态性,从而得出水生生物适宜度与河段水沙-栖息地生境间的响应关系。

尽管进行了生态坝体安装,在坝体上下游附件出现了较大范围的流速适宜区域,但因枢纽工程雍水整体抬高了该河段的水深,水深适宜区域分布较小,且仅分布在左右岸区域。因此,流速和水深组合适宜度相互重合的部分并不多,其中流速适宜区域面积约8112.48m^2,相比工程前的5640.87m^{2}增加约44%,水深适宜区域面积约5198.58m^2,增加不到7%,组合适宜区域面积约 1604.27m^2,仅占工程河段总面积 81137.36m^{2}的 1.98%。

图 6.4　组合适宜度 WUA 分布(观测最大流量 532m^3/s)

通过针对鲤科鱼类栖息地适宜度的分析,该工程河段鱼类栖息地存在的最大问题是枢纽工程抬高河段水位,致使水深增加,水深过大不能满足鲤科鱼类的栖息需求。

66

6.6 小　　结

本章以鲤科鱼类栖息地适宜度为例,对结构物布置前后的栖息地适宜度和栖息地面积变化进行了分析。采用物理栖息地模型方程,分析特征物种的栖息地适宜性指数分布和栖息地加权可用面积的变化规律,提出生态型组合整治坝体群布置所引起的水沙-栖息地环境变化与水生生物适宜度的响应关系。通过对鲤科鱼类流速、水深和组合适宜度分布和面积变化分析,提出该工程河段鱼类栖息地存在的最大问题是枢纽工程抬高河段水位,致使水深增加,水深过大不能满足鲤科鱼类的栖息需求。

结 束 语

本书以生态航道建设为研究基础，深入分析了生态航道建设的内涵与特征，提出了内河生态航道理论框架体系，进一步提出了针对于生态航道建设和效果评估的监测技术方法。并提出新型生态整治设计理论及生态结构形式，依托于新型结构形式展开相关应用，得到结论如下：

(1)生态航道的内涵为：航道通航和河流生态环境具有良好的协同性；将生态学原理应用于航道建设、维护工程之中，保持河流生境完整和良好生态廊道，建、养、用不同时期生态系统结构完整，功能健全，对于自然与人类活动影响有着较强的承载力与自恢复力；提高生态系统质量和稳定性。生态航道区别于传统航道建设的五大主要特征。生态航道的研究框架包括生态航道建设目标、建设内容、建设原则和建设评价等。

(2)内河生态航道监测依托生态环境调查与分析为航道生态建设工程设计、环境影响评价、工程完工后生态效果评估提供基础支撑。结合传统生态环境调查中手段和方法，本书对生态航道建设中的具体问题进行理论分析，给出了内河生态航道监测的生物指标、生境指标，以及观测指标、观测方法、观测频次等详细内容。提出了重点调查区域和样点布设的规则，可为后续生态航道监测提供参考。进一步定义了内河航道生态监测结果分析和评估应涵盖内容、遵循准则及重点评估对象，评估结果为新型结构设计、应用和生态航道布局、建设等重要内容提供支撑。

(3)本书提出航道生态建设工程的分区设计理论和方法。分析和总结了国内航道升级施工原则，根据可实施性的系统分析，提出了生态航道平面布置、分区布局、协同设计等创新设计理论，并提出坝体设计方法，依据以上理论研发具有自主知识产权的新型开孔丁坝结构和坝群等新型生态结构。

(4)针对新型生态坝体及坝群利用坝田区缓流和浅水环境，构造出多样化的流态和地形冲淤格局，结合水槽概化模型试验的手段对新型生态丁坝结构附近各工况下的流场特性和栖息地适宜度开展研究，对于局部过流型丁坝(开口丁坝)，在丁坝坝身开口，对丁坝周围流态分布影响明显，由于局部过流，导致坝后流速增大，并且流速梯度也增大，坝后流速与丁坝开口深度呈正相关，航道流速与开口深度呈反相关，丁坝开口对于坝后流速区的影响要明显强于航道区。其流态特点是在开口位置两侧形成小涡旋。

(5)对于生态整治丁坝群，当丁坝处于非淹没状态时，丁坝的阻水导流作用明显，断面流速梯度较大，在挡水坝后减速效果明显；与之相对的，当丁坝处于淹没状态时，丁坝对水流的约束控制效果减弱，流速分布较为平均。在坝身局部开口能增加丁坝附近栖息地加权可用面积，更优于无工程情况，并且 WUA 值随着丁坝开口深度的增加而增加。在非淹没水深条件下，生态整治丁坝群结构的加权栖息地可用面积大于局部过流型生态丁坝结构，而在淹没水深条件下，生态整治丁坝群结构的加权栖息地可用面积小于局部过流型生态丁坝结构。

(6)基于贵州荔波漳江生态航道建设调研结果表明，位于自然河段的采样点内的大型底栖动物群落具有较丰富的物种组成，同时样点内的大型底栖动物群落也具有相对较高的生物多样性，航道建设工程对河滨带大型底栖动物群落带来一定的干扰作用。并依托典型河段(拉香滚水坝下游)，模拟钝头V字形结构布置前后河道内的水流特性变化，并论述了其与航道尺度维护之间的关系。

(7)以鲤科鱼类栖息地适宜度为例，对荔波漳江生态航道中典型河段结钝头V字形构物布置前后的栖息地适宜度和栖息地面积变化进行了分析，得出生态型组合整治坝体群布置所引起的水沙-栖息地环境变化的响应关系。通过对鲤科鱼类流速、水深和组合适宜度分布和面积变化分析，对坝体形式进行优化。

针对目前内河航道工程与河流生态保护矛盾突出的问题，围绕如何科学合理地协调工程建设与生态保护的关系，支撑水运交通领域生态航道建设的现实需求，以河流生态对内河航道工程的响应机理为研究对象，还需要在工程生态调查监测、栖息地数学模拟、工程效果评估和生态工程设计四方面实现突破。

(1)内河航道工程生态智能监测技术研究，研发内河航道生态智能监测技术与关键生态要素大数据分析处理系统。

(2)内河航道敏感栖息地生态环境因子精细化模拟技术研究，研发内河航道敏感栖息地生态环境因子精细化完全三维水动力泥沙-生态数学模型。

(3)内河航道工程生态影响评估技术研究，进行内河航道工程生态影响动态分级评估方法研究。

(4)内河航道生态工程分区布局及整治新结构研究，进行生态航道全域设计技术及整治新结构研发并示范应用。

参考文献

[1] 谢雨婷, 林晔. 城市河流景观的自然化修复——以慕尼黑“伊萨河计划”为例[J]. 中国园林, 2015,(1):55-59.

[2] 董哲仁. 莱茵河:治理保护与国际合作[M]. 郑州:黄河水利出版社, 2005.

[3] 黄真理. 莱茵河环境保护的跨国协调和管理[J]. 科技导报, 2000,(05):54-56.

[4] 侯海涛. 莱茵河流域的防洪体系[J]. 水利天地, 2004, 01(1):42-42.

[5] 侯海涛. 从措施与管理上看莱茵河流域的防洪体系[J]. 陕西水利, 2003(5):45-46.

[6] 徐泽平, 傅妮. 荷兰的堤防草皮护坡技术[C]. 长江护岸工程,水利部, 2001.

[7] 徐泽平. 堤防的渗流问题和防渗控制措施[C]. 中国土木工程学会第十届土力学及岩土工程学术会议,2007.

[8] 章轲. 鲑鱼-2000 计划:莱茵河流域管理成功案例[J]. 世界环境, 2006 (2):62-65.

[9] 章轲. 国外应对突发环境事件启示——莱茵河的“鲑鱼-2000 计划”[J]. 环球财经, 2016 (6):37-39.

[10] 白音包力皋, 郭军,吴一红. 国外典型过鱼设施建设及其运行情况[J]. 中国水利水电科学研究院学报, 2011, 09(2): 116-120.

[11] Muller G. Index of Geoaccumulation in Sediments of the Rhine River[J]. GeoJournal, 1969, 2(3):109-118.

[12] J, C, Philippart, et al. The Belgian Project “Meuse Salmon 2000”. First Results, Problems and Future Prospects[J]. Water Science and Technology, 1994, 29(3):315-317.

[13] Schmidt G W. Preliminary evaluation of the restoration programme “Salmon 2000”, part of the Rhine Action Programme, 1987-1996[J]. revija za sociologiju, 1996, 44(3):235-285.

[14] Worreschk, Bernd. Flood Risk Management Plans in the River Basin District Rhine of ICPR, ICPMS and Rhineland-Palatinate: Objectives and Measures[J]. Wasserwirtschaft, 2015, 105 (9):15-18.

[15] Worreschk B. Flood Risk Management Plans in the River Basin District Rhine of ICPR, ICPMS and Rhineland-Palatinate: Objectives and Measures[J]. Wasserwirtschaft, 2015, 105 (9):15-18.

[16] Anonymous A. Manual of River Restoration Techniques[J]. River Restoration Centre, 2002.

[17] Sharma D, Kansal A. Assessment of river quality models: a review[J]. Reviews in Environmental Science & Bio/technology, 2013, 12(3):285-311.

[18] Kronvang B, Svendsen L M, Brookes A, et al. Restoration of the Rivers Brede, Cole and Skerne: a joint Danish and British EU-LIFE demonstration project, IV—implications for nitrate and iron transformation[J]. Aquatic Conservation Marine & Freshwater Ecosystems, 2010, 8(1):209-222.

[19] Biggs J, Corfield A, Per Grøn, et al. Restoration of the rivers Brede, Cole and Skerne: a joint Danish and British EU-LIFE demonstration project, V—short - term impacts on the conservation value of aquatic macroinvertebrate and macrophyte assemblages[J]. Aquatic Conservation Marine & Freshwater Ecosystems, 2010, 8(1):241-255.

[20] Nigel, T. H, Holmes, et al. Restoration of the rivers Brede, Cole and Skerne: a joint Danish and British EU-LIFE demonstration project, I—Setting up and delivery of the project[J]. Aquatic Conservation: Marine and Freshwater Ecosystems, 1998.

[21] Hoffmann C C, Pedersen M L, Kronvang B, et al. A Joint Danish and British EU-LIFE Demonstration project. LIFE - Brede, Cole and Skerne River Restoration, IV - Implications for Nitrate and Iron Transformation[J]. Aquatic Conservation Marine & Freshwater Ecosystems, 1998, 8(1):209-222.

[22] Restoration of the rivers Brede, Cole and Skerne: a joint Danish and British EU-LIFE demonstration project, II - the river restoration works and other related practical aspects[J]. Aquatic Conservation Marine & Freshwater Ecosystems, 2010, 8(1):197-208.

[23] Cooper G F. The computational complexity of probabilistic inference using Bayesian belief networks (research note)[J]. Artificial Intelligence, 1990, 42(2-3):393-405.

[24] Huygen P E M, Van Boom W H, Borgers M J. Bayesian Belief Networks[M]. Encyclopedia of Statistics in Behavioral Science. John Wiley & Sons, Ltd, 2004.

[25] Eric N, Michael H. Bayesian Belief Networks[M]. Wiley Encyclopedia of Computer Science and Engineering. John Wiley & Sons, Inc. 2009.

[26] Marcot B G, Steventon J D, Sutherland G D, et al. Guidelines for developing and updating Bayesian belief networks applied to ecological modeling and conservation[J]. Canadian Journal of Forest Research, 2006, 36(12):3063-3074.

[27] Lam W, Bacchus F. Learning bayesian belief networks: an approach based on the mdl principle[J]. Computational Intelligence, 2010, 10(3):269-293.

[28] Marcot, BG, Holthausen, et al. Using Bayesian belief networks to evaluate fish and wildlife population viability under land management alternatives from an environmental impact statement[J]. FOREST ECOL MANAGE, 2001, 2001,153(3):29-42.

[29] Marcot, Bruce G, Steventon, et al. Guidelines for developing and updating Bayesian belief networks applied to ecological modeling and conservation. [J]. Canadian Journal of Forest

Research, 2006.

[30] 刘芳, 李金堂. 生态型柔性边坡护坡各类工程技术特点与前景展望[J]. 城市道桥与防洪, 2010(5):31-35.

[31] 李颖, 杨健荣. 生态型护坡介绍及其发展展望[J]. 环境工程, 2010(S1):428-430.

[32] 邓友生, 孙宝俊. 岩土生态加固的应用技术[J]. 建筑技术, 2004, 035(002):131-132.

[33] Grigsby, J. D. Origin and Growth Mechanism of Authigenic Chlorite in Sandstones of the Lower Vicksburg Formation, South Texas[J]. Journal of Sedimentary Research, 2001, 71(1):654-656.

[34] Hvorslev M J. TIME LAG AND SOIL PERMEABILITY IN GROUND-WATER OBSERVATIONS[J]. U. s. army Bulletin, 1951, 36(118).

[35] 张旭. V型潜坝水流特性试验研究[D]. 沈阳:沈阳农业大学,2018.

[36] Matsuo O. Design and construction manual for countermeasures against liquefaction-induced river dike failure[J]. Technical Memorandum of Public Works Research Institute, 1998, 3513.

[37] Yochum S E.Guidance for Stream Restoration[M].US Department of Agriculture of Agriculture,Forest Service,National Stream & Aquatic Ecology Center,2018.

[38] Verdonschot P F M. Integrated ecological assessment methods as a basis for sustainable catchment management[J]. Hydrobiologia, 2000, 422: 389-412.

[39] Osborne L L, Kovacic D A. Riparian vegetated buffer strips in water-quality restoration and stream management[J]. Freshwater biology, 1993, 29(2): 243-258.

[40] Walsh C J, Fletcher T D, Ladson A R. Stream restoration in urban catchments through redesigning stormwater systems: looking to the catchment to save the stream[J]. Journal of the North American Benthological Society, 2005, 24(3): 690-705.

[41] 张立成, 董文江, 郑建勋,等. 湘江河流沉积物重金属的形态类型及其形成因素[J]. 地理学报, 1983(01):57-66.

[42] 石广梅. 河流监测与污染预测的实用技术—Ⅱ数据处理和模拟[J]. 环境科学与管理, 1983(03):33-37.

[43] 杨昌述. 河流水质监测断面优化布设方法研究[J]. 上海环境科学, 1989, 008(011): 19-22.

[44] 董哲仁. 河流健康的内涵[J]. 中国水利, 2005(04):15-18.

[45] 刘昌明, 刘晓燕. 河流健康理论初探[J]. 地理学报, 2008(07):683-692.

[46] 文伏波, 韩其为, 许炯心,等. 河流健康的定义与内涵[J]. 水科学进展, 2007:140-150.

[47] 夏自强, 郭文献. 河流健康研究进展与前瞻[J]. 长江流域资源与环境, 2008,(2): 252-256.

[48] 赵彦伟，杨志峰．河流健康:概念,评价方法与方向[J]．地理科学，2005，25(1)：119-124.

[49] 刘均卫．长江生态航道发展探析[J]．长江流域资源与环境，2015(S1):9-14.

[50] 刘怀汉，刘奇，雷国平,等．长江生态航道技术研究进展与展望[J]．人民长江，2020(1):11-15.

[51] 雷国平．长江生态航道建设关键技术需求研究[J]．中国水运:航道科技，2016，(3)：14-19.

[52] 李天宏，薛晶，夏炜,等．组合赋权法-木桶综合指数法在长江生态航道评价中的应用[J]．应用基础与工程科学学报，2019，27(01):36-49.

[53] 严登华，窦鹏，崔保山,等．内河生态航道建设理论框架及关键问题[J]．北京师范大学学报(自然科学版)，2018，54(06):73-81.

[54] 胡安春．加快建设京杭运河徐扬段生态型护岸[J]．中国水运，2010：24-25.

[55] 赵进勇，董哲仁，孙东亚．河流生物栖息地评估研究进展[J]．科技导报，2008(17)：84-90.

[56] 余锦杰．浅谈航道工程对环境的影响及应对措施[J]．珠江水运，2003(12):38-40.

[57] 宁武，姜兴良．生态护岸在丹金船闸护岸工程中的应用[J]．中国港湾建设，2017(9)：58-61.

[58] 任加锐．基于生态理念的京杭运河苏北段航道疏浚工程建设——京杭运河徐扬段大王庙—蔺家坝船闸段航道疏浚工程[J]．中国水运(下半月)，2015，15(003):274-275.

[59] 葛红群．京杭运河扬州段生态护岸设计[J]．水运工程，2010，000(005):75-78.

[60] 徐洲平．生态袋挡墙护坡技术在航道整治工程中的应用[C]．全国河道治理与生态修复技术交流研讨会,2011.

[61] 高龙刚，钱进．浅谈苏南运河航道工程中的护岸设计[J]．中国水运(下半月刊)，2011，01(11):150-151.

[62] 张垂虎．三维土工网植草加固航道边坡技术在北江下游航道整治工程中的应用[J]．水运工程，2006(01):72-74.

[63] 郁峰．土工织物在北江丁坝中的应用及其稳定性分析[J]．人民珠江，2004，(3)：33-35.

[64] 程巍华，汤修华，张一鸣．内河水运典型示范工程——湖嘉申线湖州段设计综述[J]．水运工程，2009(09):102-106.

[65] 薛智博．湖嘉申线湖州段生态航道建设实践研究[J]．珠江水运，2018(021):90-91.

[66] 曾骏，岳枭．生态型护岸在连云港疏港航道工程中的应用[J]．科技创新与应用，2011(21):121-122.

[67] 丁天平，杜圣康．浅谈苏南运河无锡段航道整治工程建设理念[J]．珠江水运，2012

(4): 83-85.

[68] 丁天平. 浅谈苏南运河无锡段老护岸加固改造设计与施工[J]. 珠江水运, 2012, 23(23):79-80.

[69] 刘怀汉,黄召彪,高凯春. 长江中游荆江河段航道整治关键技术[M]. 北京:人民交通出版社股份有限公司, 2015.

[70] 闵凤阳, 黄伟, 王家生,等. 浅谈生态河道治理与生态航道建设的关系[J]. 中国水运:航道科技, 2016, 02(502):9-12.

[71] 许鹏山, 许乐华. 甘肃省生态航道建设思考[J]. 水运工程, 2010, (9):87-91.

[72] 陈一瑶, 施俊羽, 周薛凯. 生态航道建设的现状及发展趋势分析[J]. 中国水运(下半月), 2014(14):78-79.

[73] 刘长波, 李明. 长江生态航道的建设实践与探索[J]. 水运工程, 2021(2):6.

[74] 刘均卫. 长江生态航道发展探析[J]. 长江流域资源与环境, 2015(S1):9-14.

[75] 王卫东. 生态航道建设关键技术分析[J]. 南方农机, 2019, 50(09):288.

[76] 高峰, 包兴富. 长江生态航道建设与评价的思考[J]. 中国水运:航道科技, 2019,619(05):21-24.

[77] 毕雪峰, 祁洁. 生态航道固滩工程生态软体排结构和施工方法研究[J]. 中国水运(下半月), 2017, 17(006):362-364.

[78] 郑松, 徐月忠, 陈立,等. 组合工字型生态航道护岸施工工艺总结及应用[J]. 黑龙江科技信息, 2018, (021):89-90.

[79] 李丰华, 柴华峰, 白明,等. 生态挡土墙在航道护岸工程中的应用[J]. 水运工程, 2014;122-124.

[80] 赖鸣书. 石渣护底在沙质河床筑坝工程的应用[J]. 珠江水运, 2007(03):24-25.

[81] 中交水运规划设计院. 港口及航道护岸工程设计与施工规范[M]. 北京:人民交通出版社, 2001.

[82] 李捷, 李新辉, 潘峰,等. 连江西牛鱼道运行效果的初步研究[J]. 水生态学杂志, 2013(04):58-62.

[83] 马爱兴, 曹民雄, 王秀红,等. 长江中下游航道整治护滩带损毁机理分析及应对措施[J]. 水利水运工程学报, 2011, 000(002):32-38.

[84] 王超, 张伶. 航道疏浚对珠江口附近海洋生态环境影响及预防措施[J]. 海洋环境科学, 2001, 20(4):58-60.

[85] 尹利生, 尤开思. 浅谈山区内河航道整治爆破控制施工技术[J]. 中国房地产业, 2017,(5):128,130.

[86] 梁丹亚. 船舶事故及修折船工程对水域的油污染与防治[J]. 江苏船舶, 1995, 012(004):45-48.

[87] 黄鹏程．LNG 船舶特性及其管理的患考[J]．航海技术，2006(005):44-46.

[88] 姚建喜，邹早建，王化明．船舶近垂直岸壁航行时的岸壁效应数值研究[C]．全国水动力学研讨会,2009.

[89] 金鏐，虞志英，何青．关于长江口深水航道维护条件与流域来水来沙关系的初步分析[J]．水运工程，2006(03):46-51.

[90] 胡宁，刘杨．数字航道技术在内河航道管理中的应用[J]．水运工程，2007，(10):52-54.

[91] Reich D, Price A L, Patterson N. Principal component analysis of genetic data. [J]. Nature Genetics, 2008, 40(5):491.

[92] Ahlgren P, Jarneving B, Rousseau R. Requirements for a cocitation similarity measure, with special reference to Pearson's correlation coefficient[J]. Journal of the Association for Information Science & Technology, 2014, 54(6):550-560.

[93] 许晴，张放，许中旗,等．Simpson 指数和 Shannon-Wiener 指数若干特征的分析及“稀释效应”[J]．草业科学，2011，28(4):527-531.

[94] Li X, Han J, Lee J G, et al. Traffic Density-Based Discovery of Hot Routes in Road Networks [C]. Advances in Spatial and Temporal Databases, 10th International Symposium, SSTD 2007, Boston, MA, USA, July 16-18, 2007, Proceedings. DBLP, 2007.

[95] 朱元章．长江航道整治工程安全管理综述[J]．水运工程，2014(11):120-122.

[96] Cockerham C C. An Extension of the Concept of Partitioning Hereditary Variance for Analysis of Covariances among Relatives When Epistasis Is Present. [J]. Genetics, 1954, 39(6):859-882.

[97] 王元立．内河航道生态护坡防冲效果研究[D]．合肥:合肥工业大学,2013.

[98] 马殿光．内河航道土质岸坡生态治理技术及应用研究[D]．天津:天津大学,2013.

[99] 顾宽海,周松泽,宋凡．平原地区某内河生态航道整治工程设计要点[J]．水运工程，2020,577(12):156-163.

[100] 李露．浅谈合裕线生态航道建设[C]．安徽航海论坛,安徽省航海学会，2014.

[101] 朱孔贤，蒋敏，黎礼刚,等．生态航道层次分析评价指标体系初探[J]．中国水运:航道科技，2016，02(502):13-17.

[102] 高天珩，罗宏伟，杨顺义,等．航道工程生态丁坝对鱼类集群影响的水声学探测[C]．现代海洋(淡水)牧场国际学术研讨会．

[103] 王媛．环境修复丁坝群周围营养盐的分布特性研究[D]．西安:陕西科技大学,2017.

[104] 杨苗苗，陈一梅．丁坝对整治河段生态影响及对策研究[J]．水道港口，2014(5):545-549.

[105] 叶三霞，熊峰，操昌碧．航道整治水保生态工程措施体系探讨[C]．中国水土保持学

会水土保持规划设计专业委员会年会，中国水土保持学会，2013.

[106] 薛爽，张天成．浅谈长江航道整治生态护岸中植物的选择[J]．科技经济导刊，2019，678(16):127-128.

[107] 刘丰阳，刘林双，王家生,等．荆江河段不同植被生态护坡的水流试验及应用[J]．水运工程，2018(09):9-14+37.

[108] 张金来，吴婷婷，陈其武,等．加筋三维钢丝网垫在护滩工程中的应用[J]．水运工程，2012(08):204-206.

[109] 王蔼培．刍议新型生态护滩技术在航道整治工程中的应用[J]．建筑工程技术与设计，2018(027):296.

[110] Bovee K D. A guide to stream habitat analysis using the Instream Flow Incremental Methodology. IFIP No. 12[J]. Scientific Research & Essays, 1982, 6(30):6270-6284.

[111] Shang, SongHao. A general multi-objective programming model for minimum ecological flow or water level of inland water bodies[J]. Journal of Arid Land, 2015, 7(002):166-176.

[112] Harris D D, Hubert W A, Wesche T A. Habitat use by young-of-year brown trout and effects on weighted usable area[J]. Rivers, 1992, 3(2):99-105.